I0817948

100 Italian Short Stories for Beginners

Learn Italian with Stories

Including Audiobook

Italian Edition
Foreign Language Book 1

Christian Stahl

Contents

Introduction

Reading culturally interesting and entertaining short stories to enhance your Italian is an easy way to improve your Italian language skills. This book contains a selection of 100 short stories for beginners with a wide range of genres, all prepared specifically for Italian language learners. The aim of this book is to teach different Italian vocabulary and phrases associated with short stories, and to improve your Italian language skills in a short period of time

Advance as you read

Each of the first 80 short stories take about 2 minutes to read and average about 150 to 300 words. Important words and phrases relevant to each topic were carefully selected. The stories 80 to 100 are longer and slightly more advanced in terms of vocabulary and contain some of the vocabulary from the previous stories. The last 20 stories take about 3 to 5 minutes to read and consist of most of the previously mentioned vocabulary.

All stories are written by a Italian linguist to ensure you can learn from authentic material while fine-tuning your Italian vocabulary and improving your comprehension.

The content is intended mainly for elementary to intermediate level learners, but it will also be useful for more advanced learnes as a way of practicing their reading skills and comprehension of the Italian language. The stories have been arranged according to their degree of difficulty and each story is accompanied by a key vocabulary section and story related questions.

Using this book effectively

To learn Italian effectively you just read each Italian story at a time and study the vocabulary after reading.

Vocabulary will be introduced to you at a reasonable pace, so you're not overwhelmed with difficult words all at once. Here, you won't have to look up every other word, but you can simply enjoy the story and absorb new words simply from the story's context.

The Italian contained in here are written using easy-to-understand grammar and vocabulary that both, those at the beginner and intermediate levels can understand, appreciate, and learn from.

Some stories are focused on dialogue. These story contains loads of natural dialogue, so you can learn conversational Italian as you read. This is doubly beneficial as you will improve your speaking ability as well. Over time, you will build an intuitive understanding of how Italian functions. This differs from a more theoretical understanding put together via learning rules and conceptual examples. It's more important to reach to finish the story without stopping, then to understand each and every word.

Audiobook in MP3 Format

At the end of this book, after the last story, you can find the download link for the audio file. It contains 10 of the more extensive stories (90 to 100) that you find in the book.

1. Chef Per Hobby

Mi chiamo Angela e oggi vi mostrerò come preparare una cotoletta. Io preferisco la bistecca di manzo, ma molte persone usano anche la carne di maiale.

Per prima cosa taglio il manzo a fette sottili. Dopo, le schiaccio con la mano fino a quando non saranno ben dritte. Cospargo entrambi i lati con sale e pepe. Preparo tre piatti: nel primo piatto abbiamo la farina, nel secondo un uovo sbattuto e nel terzo il pangrattato. Le fette vengono prima passate nella farina, poi nell'uovo e infine girate nel pangrattato. La carne viene fritta su entrambi i lati dai 2 ai 3 minuti in una padella.

2. Dialogo – Cos'è la Cultura?

Sono seduto con alcuni studenti in un bar a Roma. Si tratta di un incontro internazionale.
Americani, Italiani e Tedeschi seduti allo stesso tavolo che discutono.
L'Americano chiede, „Cosa significa davvero cultura nel tuo paese?"
Rispondo, „Quel termine può indicare parecchie cose. Letteratura, teatro, arte o addirittura il modo in cui parliamo, incluso il modo in cui ci si comporta."
„Comprende anche il comportamento?" chiede l'Americano.
„Il comportamento inteso in termini generali, probabilmente è una parte di essa", afferma il Tedesco.
„Quindi ciò significa che quando io mi comporto bene dimostro di avere cultura," chiede l'Americano sorridendo.
„Più o meno," rispondo. „Ma anche l'educazione e le buone maniere potrebbero denotare cultura"
„In Italia è possibile dire che io ho cultura e tu invece no?" chiede l'Americano.
„No, sarebbe arrogante", affermo io.

3. Il Circo

Oggi sono andato al circo con mia madre. Lo spettacolo iniziava alle sei, ma siamo arrivati in anticipo perché sapevamo che ci sarebbe stata una lunga fila alle casse per i biglietti. Mia madre ha chiesto perché i biglietti fossero così cari. Il venditore le ha spiegato che possiedono dei grandi animali come le tigri, ecc. e che essi hanno bisogno di mangiare enormi quantità di carne ogni giorno. Finalmente, inizia lo spettacolo. Per primo appare un clown, che scherza facendo dei gesti con le mani. Subito dopo viene montata una grande gabbia e arrivano gli animali. Vediamo un elefante che alza la gamba, una scimmia vestita con una divisa scolastica da bambina, e alla fine vediamo i felini che vengono portati nella gabbia. Una tigre deve saltare all'interno di un anello in fiamme e un leone deve saltare da uno sgabello all'altro. Chiedo a mia madre se gli animali fanno queste cose anche in natura. Mia madre rispose che non lo sapeva.

4. Una Passeggiata Nel Parco

Marco and Sofia sono due adolescenti molto amici. Ogni domenica fanno una passeggiata nel parco per un paio d'ore. Di solito Marco passa a prendere Sofia a casa.

Oggi è domenica ed è anche il compleanno di Marco; compie tredici anni. Marco ha un'idea. Sa che i genitori dell'amica oggi non saranno a casa e va a trovarla in anticipo. Bussa alla porta di Sofia, lei apre. „Perché sei in anticipo? Non sono ancora pronta."

„Non c'è bisogno che ti prepari per fare una passeggiata."

„Che vuoi dire, Marco?"

„Sono venuto a trovarti a casa. Lasciami entrare, il resto puoi immaginarlo."

5. Un Matrimonio Felice

Mi chiamo Maria. Sono sposata con Fabio da più di otto anni.
Lui è un uomo di successo ed io sono una casalinga. Non abbiamo figli, ma facciamo tantissime cose insieme. Mio marito è molto romantico e si prende cura di me. Tuttavia, anche noi abbiamo le nostre differenze. Mio marito ama lo sport e va regolarmente in palestra. Io, invece, adoro alzarmi tardi e guardare la televisione. Purtroppo, sono sovrappeso, ma ho promesso a mio marito che inizierò una dieta. Di recente, egli è tornato a casa presto e mi ha beccata nel seminterrato mentre stavo concedendo a me stessa qualche caramella.

6. In Ufficio

Mi chiamo Giuseppina e sono una segretaria. Di solito sono molto occupata, soprattutto di lunedì. Durante la mattina, impiego trenta minuti in macchina per arrivare in ufficio. Come prima cosa preparo il caffé, subito dopo inizio con le telefonate. Quando arriva il mio capo, devo fargli un favore personale. Dopo, mi sento spesso in colpa. Più tardi, porto la corrispondenza all'ufficio postale; nel pomeriggio, pulisco l'ufficio. Quando torno a casa, intorno alle 7, devo andare a fare la spesa. Durante la settimana, vado spesso a letto presto. Qualche volta sogno il mio capo. Ad essere sincera lui mi piace, in parte anche perché mi compra sempre dei regali.

7. La Chiave

Oggi sono in ritardo e devo uscire molto velocemente per andare a lavoro; salto letteralmente in macchina. Quando imbocco l'autostrada, all'improvviso non sono sicuro di aver preso la chiave della porta d'ingresso. Tocco la borsa. „Oddio! Ho dimenticato la chiave", dico ad alta voce. Faccio retromarcia e torno indietro più velocemente che posso. Parcheggio la macchina di fronte la mia porta di casa, nonostante non sia quello il posto in cui normalmente si parcheggia o ci si ferma con la macchina. Vivo al terzo piano, ma comunque corro per le scale sperando di farla franca. Cerco la chiave nel mio appartamento ma non riesco a trovarla subito. Dopo qualche minuto realizzo: l'avevo lasciata nella mia giacca!
Corro giù per tornare alla macchina. Mi guardo intorno. Dov'è la mia macchina? In lontananza vedo un carro attrezzi portarla via.

8. Intossicazione Alimentare

Mio fratello Marco sta malissimo; è a letto da ieri. Ha nausea, mal di testa, tosse e diarrea. Si sente anche estremamente spossato e stanco. Mio padre porta mio fratello dal dottore. Spiega la situazione al medico ed egli visita Marco. Il dottore scopre che Marco ha un'intossicazione alimentare. È una condizione abbastanza pericolosa, perché Marco è già disidratato! Il dottore raccomanda inoltre a Marco di rimanere a letto e di prendere dei forti farmaci due volte al giorno. Mio fratello crede che l'intossicazione sia stata causata da un kebab che ha mangiato il giorno prima quando ha fatto un salto in centro.

9. Il Vicino

Io e mia madre stiamo osservando il nostro nuovo vicino. Ogni mattina alle otto egli esce di casa. Lo spiamo dalla finestra della cucina. L'uomo è giovane, e indossa un completo e una cravatta. Pensiamo sia un uomo di classe. Va e viene sempre ad un orario specifico.
Mia madre ha molti amici, e spesso invita anche strani uomini a casa. Essi sono molto gentili e spesso offrono dei regali a mia madre. Dopo le loro visite, di solito ci ritroviamo con molti contanti in mano. Non appena gli uomini sono andati via, corriamo al centro commerciale per fare un po' di shopping. Un giorno incontriamo il nuovo vicino di casa al supermercato. Mia madre sorride all'uomo. Iniziano a parlare. Il vicino viene a casa nostra e trascorre del tempo con mia madre. Un mese più tardi, mia madre dice, „presto traslocheremo. Andremo a vivere con Roberto, il nostro vicino, l'ho convinto a lasciarci vivere con lui."

10. Mal Di Testa

La signora Colombo ha un forte mal di testa. Il dottore le controlla la spalla e le prescrive delle pillole da prendere ogni giorno. Oltre a ciò, il medico dà alla donna una lista di attività da fare. Dovrebbe fare yoga e meditazione regolarmente, visto che secondo il dottore il suo mal di testa è causato dallo stress.
La donna inizia a svolgere queste attività per alcuni giorni, ma il mal di testa non passa. Dopo una settimana torna dal medico. „Si sente meglio?“, chiede il dottore. Lei dice di no, affermando di avere sempre un gran mal di testa quando è nervosa. „Dorme abbastanza?“, chiede. Ella risponde che non lo sa.
Dopo alcune analisi, il dottore le prescrive delle pillole per il nervosismo, delle compresse per lo stress e del Valium per dormire. Una volta a casa, la signora Colombo possiede una grande scatola piena di pillole e compresse.

11. Una Nuova Patente

Tre giorni fa, ho ricevuto la mia patente. Con una patente, posso guidare quasi tutte le macchine, sia nel Regno Unito che nella maggior parte degli Stati europei. Ho ricevuto la mia patente subito dopo il mio diciottesimo compleanno. È importante che io possa usare la mia patente ovunque, perchè presto dovrò andare in Italia in macchina.
A differenza degli altri paesi, come gli Stati Uniti, prendere la patente in Europa può essere davvero molto costoso. Ma esistono alcune differenze tra gli Stati europei. Per esempio in Germania, la patente è valida per tutta la vita. Oggi andrò in autostrada da solo per la prima volta, guidando la macchina di mio padre, una Porsche. Guiderò lentamente e senza dubbio lascerò le bottiglie di birra a casa.

12. Capodanno In Europa

In Italia il Capodanno è sempre la notte del 31 dicembre. La maggior parte delle persone festeggia Capodanno con gli amici e la famiglia. A mezzanotte ci sono sempre i fuochi d'artificio. Molte famiglie preparano anche un menu speciale. I pasti tipici di Capodanno sono i frutti di mare, la pasta o la pizza. Spesso, Capodanno è un'occasione per alcune persone per bere molti alcolici. I giovani vanno anche alle feste, e alcuni addirittura vanno a ballare! Il primo gennaio è un giorno di vacanza in tutto il continente, quasi tutte le attività sono chiuse. Il due gennaio, invece, è un giorno lavorativo normale in Europa.

13. Fatture E Contratti

Sono uno studente che viene dall'Italia e vivo in un piccolo appartamento fuori Londra. Ogni mese devo pagare un sacco di bollette. L'affitto è la spesa più importante, e costa più di tutte le altre. Ogni mese pago l'affitto, la bolletta dell'acqua, del telefono e dell'elettricità. Di solito le bollette vengono automaticamente addebitate sul mio conto corrente. Se il mio conto è vuoto, faccio un bonifico per trasferire il denaro. I contratti devono essere presi seriamente e sono molto importanti in Inghilterra! Se violi un contratto in questo paese, finirai sicuramente nei guai. Se il tuo reddito oscilla e non è certo, probabilmente sarebbe meglio evitare i contratti.

14. Viaggiatore

Sono nato a Dayton, in Ohio, ma ad essere sincero non mi sono mai sentito a mio agio lì. Per fortuna, quando ero ancora un adolescente ho avuto modo di scoprire paesi diversi. I miei genitori viaggiavano molto e abbiamo avuto la fortuna di vivere in tanti stati differenti. Da quel che ricordo l'Asia, specialmente il Giappone, mi ha sempre affascinato. L'Europa è interessante, ma nella maggior parte dei paesi non è facile vivere, anche se la cultura e soprattutto il cibo sono sempre i migliori del mondo. Quando sono diventato un po' più grande ho iniziato a viaggiare da solo. Ho guidato fino in Messico e ho visitato Panama. Sono stati ovviamente dei viaggi molto più avventurosi rispetto a quelli ordinari. Posso dire con tutta onestà che viaggiare può insegnare tanto, da numerosi punti di vista. Puoi conoscere culture diverse ed io sono diventato abbastanza bravo nello sviluppare delle abilità sociali. La maggior parte degli Americani viaggia soltanto all'interno del proprio paese, e non c'è niente di sbagliato in questo, ma io personalmente credo che le esperienze internazionali possano educare molto di più e facciano anche bene al nostro cervello

15. L'Irruzione

Ho dormito in modo agitato per tutta la notte. Dormo da solo e ad un tratto ho sentito un rumore. Salto giù dal letto. Indosso un paio di pantaloni ed ispeziono la casa. Sento dei passi. Vengono dal soggiorno. Quando entro nel soggiorno, è vuoto. Non c'è nessuno. Subito dopo noto che il balcone è aperto! Accendo le luci e mi guardo intorno.
La credenza è aperta e tutte le mie cose sono sul pavimento. Sono entrati i ladri! Mi sento male, ma mi accorgo in fretta che in realtà non manca nulla. Tutto è in disordine, ma i ladri non hanno preso niente. Cercavano denaro e gioielli! Credo che fossero dei tossicodipendenti, perchè hanno rubato soltanto i contanti. Non voglio chiamare la polizia; il giorno dopo, mi procurerò una pistola.

16. Un Cellulare Rotto

Non sono riuscito a ricaricare il mio cellulare per giorni. All'inizio, pensavo fosse colpa del caricabatterie. Ma non può essere questa la vera ragione, perchè con un altro telefono funziona. Per fortuna, conosco un negozio dove possono sistemarlo. Devo lasciare il telefono lì per un giorno in modo da poterlo esaminare. Il giorno dopo, torno al negozio per ritirare il mio cellulare.
Ho una strana sensazione. Il negoziante mi mostra il cellulare e lo apre.
Tutto sembra essere nero! L'uomo mi dice che il cellulare è stato danneggiato da un corto circuito. La riparazione sarabbe costata duecento euro. Mi spiega anche che il telefono si è bagnato, ed è questa la causa del danno. Oggi c'è un'offerta speciale per l'acquisto di un nuovo cellulare. Il nuovo modello costa soltanto trecento euro.
Non ho scelta e compro un telefono nuovo. Non userò mai più il mio cellulare nella vasca da bagno.

17. Gli Imbianchini

Questa mattina sono venuti gli imbianchini. Era davvero necessario visto che casa nostra sembrava ormai piuttosto fatiscente.
Gli imbianchini hanno portato una scala e hanno iniziato con il tinteggiare i muri esterni. Ogni muro dev'essere pitturato con della vernice bianca. Essi hanno un secchio di vernice, un pennello e un rullo. Con un rullo è possibile dipingere molti muri in poco tempo; per una casa piccola dovrebbe essere sufficiente un solo giorno. Ma non hanno ancora finito.
Domani devono essere tinteggiati i muri interni. Gli imbianchini vogliono essere pagati immediatamente in contanti e senza discussioni.

18. Smettere

Il mese prossimo Sammy compirà trent'anni. Il problema è che fuma sigarette da più di dieci anni. Ha provato ogni tipo di trucco o metodo per smettere di fumare. Nulla è stato d'aiuto e lui sa di aver bisogno di cure. Per caso, ha scoperto l'esistenza di alcune piccole isole disabitate appartenenti agli Stati Uniti al di sotto del confine canadese. Non ci sono traghetti e sembrano il posto ideale per smettere di fumare!

Dopo una settimana, Sammy è già sull'isola. Ha intenzione di rimanere lì una settimana, fino a quando la nicotina avrà abbandonato il suo corpo. Appena arrivato, butta il suo ultimo pacchetto tra i cespugli. Dopo tre giorni Sammy si annoia a morte. Stranamente, trova una bottiglia di whiskey quasi piena tra i cespugli. Non ha niente di meglio da fare che bere whiskey. All'improvviso, inizia a sentire della musica! Dopo aver cercato la fonte, scopre un vecchio seduto di fronte ad una caverna intento ad ascoltare musica e fumare un sigaro.

„Cosa fai qui?" chiede Sammy.

Anche il vecchio sembra sorpreso.

„Sono qui per smettere di bere, e tu?"
„Sto provando a smettere di fumare. È tua questa bottiglia di whiskey?"
„Sì. E immagino che questo sia il tuo pacco di tabacco, vero?"
Sammy annuisce. Si sente molto sciocco. „Ascolta, posso avere indietro le mie sigarette?"
„Certo, se anche tu mi restituisci la mia bottiglia di whiskey."
Alla fine, i due uomini arrivano ad un accordo e continuano a fare le cose che facevano prima.

19. Nuotare

Siamo un gruppo di ragazzi e siamo dei nuotatori appassionati. La maggior parte di noi ha dodici anni, solo il nostro amico Peter ne ha undici.
Ogni venerdi pomeriggio andiamo alla piscina comunale. Per prima cosa, è necessario andare agli armadietti. Qui possiamo cambiarci e indossare il costume da bagno adatto, e dopo fare una doccia. Prima e dopo aver nuotato bisogna fare la doccia, è obbligatorio nelle piscine comunali. A volte impieghiamo un pò di tempo a fare la doccia, perchè ci piace fare scherzi e divertirci un pò. Una volta arrivati in piscina, saltiamo dal trampolino e nuotiamo. Iniziamo con 300 metri a rana, dopo passiamo a venti minuti di stile libero. Verso la fine giochiamo a pallanuoto. A bordo piscina c'è sempre un bagnino che ci osserva.
La settimana scorsa, quando abbiamo finito di nuotare, non ci siamo fatti la doccia subito dopo perchè un bambino sconosciuto aveva lasciato i suoi escrementi nella doccia.

20. Dialogo – Mercato Agricolo Settimanale

La mia famiglia ama comprare prodotti italiani freschi dalle fattorie locali; ecco perchè tutti i sabati andiamo al mercato agricolo. Mio marito fa lo chef per hobby e compra le verdure solo al mercato. La nostra bancarella preferita si trova alla fine del mercato dove possiamo comprare anche delle erbe aromatiche fresche.

„Buongiorno Stella e Mario, è un piacere rivedervi."
„Buongiorno Antonio. Qual è il prodotto più fresco che hai oggi?"
„Mario, sai bene che tutti i miei prodotti sono freschi, tutto è appena arrivato direttamente dalla fattoria biologica".
„Quindi, tutti questi tavoli e banchetti, trasporti prima questi?"
„Esatto. Io sono qui all'entrata del mercato, ecco perchè i miei tavoli arrivano prima."
„Va bene Antonio, vorremmo un chilo di pomodori e un chilo e mezzo di patate. E anche un mazzo di carote, per favore."
„Qualcos'altro?"
„Vendi anche i fichi?"
„No, non crescono in questa zona."

„Okay, quanto ti devo?"
„Sono sei euro totali."

21. L'Esperimento

A scuola, Sandra chiede ai suoi compagni: „E' vero che le persone anziane hanno un odore diverso?" La sua amica Gabi risponde, „Beh, hanno tutti un odore di marcio."
John ride. „No, solo le persone morte sanno di marcio. Le persone vecchie non sono già morte. Sono ancora vive."
Gabi ride sotto i baffi. „Va bene. Allora possiamo chiamarle mature. Ma, in realtà, non mi importa come chiamiamo i vecchi. Solo, non voglio stare vicino a loro."
John alza la mano. „Aspetta un attimo. Una volta ho visto un esperimento su YouTube. Dimostrava che le persone anziane non hanno un odore diverso. Gli scienziati hanno chiesto a tre gruppi di persone di dormire con la camicia: anziani, di mezz'età e giovani. Ogni persona doveva dormire con la stessa camicia per cinque notti, e le camicie non venivano lavate. Alla fine, hanno chiesto ai volontari di annusare le camicie. I volontari non sapevano quale camicia appartenesse a ciascun gruppo, ma tutti erano d'accordo nell'affermare che le camicie delle persone anziane avevano un odore migliore."

„Che tipo di volontari erano queste persone che volevano annusare le camicie dei vecchi?“ chiede Sandra.
John: „Erano, ovviamente, dei vecchi in pensione.“

22. Dialogo – Le Piste Ciclabili In Una Città Europea

La settimana scorsa ho guidato una bicicletta fino all'università. C'erano due piste ciclabili sulla strada. Sul lato opposto c'era una ragazza. Sembrava molto bella. Pedalava parallelamente a me nell'altra direzione.

Ad un tratto si è fermata e mi ha urlato: "Stai guidando nella corsia sbagliata!"
Ci siamo fermati entrambi. Lei si è avvicinata. "Non conosci il codice stradale?" mi ha chiesto.

Ho detto, "Volevo solo risparmiare tempo."
Mi ha risposto, "Non risparmi tempo se fai del male a qualcuno. Un incidente potrebbe danneggiare la tua bicicletta. Potresti addirittura finire in ospedale! Devi fare le cose con calma. Gli incidenti accadono ogni giorno perché le persone non hanno mai tempo! Vuoi essere ferito anche tu?"
Le chiedo poi, "Sei sposata?"

23. Nuovi Vicini

Quando mi sono trasferito in un nuovo appartamento, ho avuto anche dei nuovi vicini di casa. Una famiglia vive al piano superiore, e i bambini sono ancora piccoli. Qualche volta li sento giocare. La notte, i genitori sono raramente a casa e i bambini gridano spesso in modo strano. C'è anche un ragazzo che vive vicino al nostro appartamento. È uno studente e vive da solo, ad eccezione del gatto che tiene in casa. Quando ci incontriamo sul pianerottolo di solito mi saluta. La settimana prossima abbiamo una cosiddetta riunione di condominio, in cui tutti i condomini si incontrano e parlano di questioni di comune interesse. Non vedo l'ora di partecipare alla riunione, dirò la mia su cosa considero giusto e sbagliato all'interno di questo palazzo.

24. Il Funerale

La settimana scorsa, mia nonna è morta. Tutta la famiglia è molto triste. Il funerale sarà nel tardo pomeriggio e forse alcuni familiari si riuniranno per una cena al ristorante. Per tradizione, la maggior parte dei morti viene seppellita ma la cremazione sta diventando sempre più comune, perché molte persone pensano che sia molto pratica. Quando le persone vanno ad un funerale si incontrano prima in Chiesa. Lì tutti possono vedere la bara, ben decorata con ghirlande e fiori. Il prete fa un discorso sulla vita del deceduto. Dopo tutti si spostano all'esterno. La bara viene trasportata dai portatori fino alla tomba. La famiglia e gli amici seguono i vettori e alla fine, la bara viene lentamente fatta scendere in un grande buco. Come ultimo saluto, i miei genitori e parenti tirano della terra sulla bara.

25. Il Bancomat

Domani inizia il fine settimana. Voglio pagare in contanti al supermercato e dopo andare al cinema. Prima di questo, devo andare al bancomat per prelevare il denaro.

Come prima cosa, inserisco la mia carta. Un messaggio appare subito sullo schermo con l'invito a digitare il mio codice segreto. Il codice, chiamato anche PIN, è composto da quattro numeri. Fatto ciò, ottengo l'accesso al mio conto. Sullo schermo posso vedere anche il saldo del conto. Decido di prelevare cinquanta euro. Dopo aver ritirato i soldi, devo riprendere la mia carta. Alla fine, ottengo una ricevuta.

26. Alcolisti

Al giorno d'oggi molte persone bevono troppi alcolici. In tutto il mondo esistono milioni di alcolisti. È per questo che molte persone muoiono a causa di malattie legate al consumo di alcool, come la cirrosi epatica. Nonostante ciò, sembra che tutti bevano alcolici in un modo o nell'altro. È un comportamento socialmente accettato, quindi la domanda è: quanto può essere realmente dannoso l'alcool? La maggior parte dei dottori ed esperti in materia è concorde nell'affermare che è la quantità giornaliera a fare la differenza maggiore. Un consumo eccessivo di alcool può danneggiare molti organi, specialmente il cervello, lo stomaco e l'intestino.
Ci sono molte ragioni che spingono qualcuno a diventare un alcolista. Gli psicologi hanno scoperto che uno dei motivi per cui qualcuno decide di attaccarsi alla bottiglia è legato al senso di solitudine e di frustrazione. Sconfiggere la dipendenza può essere molto difficile, ma non impossibile. Molti alcolisti possono curarsi riducendo le quantità di alcool o smettere del tutto cambiando i propri comportamenti, ma anche un dottore può aiutare attraverso una terapia specifica. Un ruolo speciale

può essere svolto dal supporto degli amici o della famiglia.

27. Tagliare Il Cavo

Nel corso degli anni il nostro abbonamento alla televisione via cavo è diventato più un peso che un piacere. Non siamo ricchi, in realtà dobbiamo tenere conto di ogni dollaro che, con attenzione, spendiamo. Uno dei lussi più superflui che ci siamo concessi è stata proprio la TV via cavo. I nostri figli la amano e mio marito guarda lo sport e il telegiornale tutto il tempo. Tuttavia, le nostre bollette mensili stanno pericolosamente raggiungendo il confine dei 200 dollari, qualcosa che non possiamo più ignorare. Dato che nessuno nella nostra famiglia è molto bravo con la tecnologia moderna, ho dovuto fare un pò di ricerche. La TV in streaming mediante una chiavetta sembra fare al caso nostro. Ho convinto mio marito a comprare una smart TV e un piccolo dispositivo chiamato Roku. Da quel momento, tutti guardiamo la TV sui canali in streaming come Sling, PlayStation Vue e altri; come risultato, stiamo risparmiando davvero molto denaro. Certo, niente nella vita è gratis. Dobbiamo pagare questi canali ogni mese ma sono molto più economici della televisione via cavo.

Morale della favola è che questa tecnologia piuttosto nuova è più economica e ci rende anche liberi da quel bombardamento costante delle pubblicità.

28. Stranieri In Gran Bretagna

In Inghilterra ci sono molti luoghi storici da visitare e diverse destinazioni turistiche in generale. Probabilmente le città più visitate dai turisti stranieri sono Londra, Brighton, Yorkshire, mentre il luogo più visitato della Gran Bretagna è il misterioso Stonehenge. La maggior parte dei visitatori stranieri vuole soggiornare a Londra visto che si trovano proprio lì le centinaia di posti più famosi da scoprire. L'Abbazia di Westminster, il Big Ben, il Buckingham Palace, Pickadilly Circus ed il British Musem sono probabilmente anche tra i luoghi più visitati in tutto il mondo. Soltanto Londra conta più di diciannove milioni di visitatori ogni anno e anche se il valore della sterlina britannica è sceso drasticamente negli ultimi anni, il Regno Unito continua ad essere una destinazione molto popolare. Una delle ragioni più comuni per cui gli stranieri amano la Gran Bretagna è legata probabilmente alla sua cultura, per esempio la tradizione del tè, la cultura dei pub e la Regina, così come la sua storia che sembra essere ovunque e connessa a qualsiasi elemento della loro cultura.

29. La Guida Turistica

Stefano è nato e cresciuto a Napoli, in Italia, ma ha vissuto nel New Jersey per più di dieci anni. Quando ha avuto un incidente e nessuno poteva occuparsi di lui; ha deciso di tornare nel suo paese e di vivere lì con la sua famiglia. Adesso è una guida turistica a Roma. Stefano accetta sia gruppi di turisti che turisti singoli. È abbastanza popolare e si è fatto un certo nome come guida molto esperta, guadagnandosi anche una piccola comunità di fan in diverse piattaforme online di viaggi. I tour di solito iniziano la mattina presto e terminano nel tardo pomeriggio. Molti turisti si chiedono come faccia Stefano a parlare inglese senza avere un accento. Lui racconta loro un pò della sua storia, ma ciò porta spesso a domande più private. Stefano è consapevole di questo; per ogni domanda ha infatti preparato una risposta perfetta. Si tratta di qualcosa che ha imparato negli Stati Uniti.

30. Verso L'Aeroporto

Oggi inizia la mia vacanza e prenderò un aereo per andare a trovare la mia famiglia. Alle undici un taxi verrà a prendermi per portarmi all'aeroporto. Il viaggio in taxi dura circa un'ora e mi costerà circa sessanta dollari. Dopodiché, avrò ancora un po' di tempo prima che il mio aereo decolli. Ho già preparato la valigia. Fare i bagagli non è un gioco da ragazzi, tutto dev'essere organizzato e considerato. Se dimentico qualcosa, probabilmente la dovrò comprare a mie spese una volta a destinazione. Manca già un minuto alle undici e sto diventando impaziente. Finalmente arriva il taxi. L'autista mi aiuta a trasportare la valigia dalla casa alla macchina. Mi siedo nel sedile posteriore e osservo il tassametro addebitarmi un dollaro ogni cento metri o giù di lì. Qualche volta offrono delle tariffe fisse ma non questa compagnia; penso che sia diverso in ogni città e in ogni Stato. Comunque, quando arriviamo do la mancia al tassista visto che non ha fatto nessuna deviazione inutile durante il viaggio.

31. Il Grande Passo

Abbiamo deciso di trasferirci in un'altra città. Tutto è stato pianificato per settimane, ma questo venerdì finalmente faremo il grande passo. Tutte le nostre cose di famiglia sono state imballate nelle scatole, la maggior parte dei mobili è stata attentamente avvolta con coperte e carta stagnola. In più, abbiamo fatto un elenco di quali oggetti si trovano in quali scatole; questo ci aiuterà a risparmiare tempo quando spacchetteremo la nostra roba. È difficile fare qualcosa di così grande da soli, così abbiamo chiesto ai nostri amici di aiutarci. Abbiamo anche noleggiato un furgone per quel giorno. Dato che stiamo facendo tutto da soli, con un piccolo aiuto da amici e vicini, stiamo risparmiando davvero molto denaro.

Le compagnie di traslochi professionali sono care e vorremmo conservare i nostri soldi per comprare dei mobili nuovi, visto che la nuova casa è più grande della vecchia.

32. Guidare E Parcheggiare In Germania

Mi sono appena trasferito in Germania. È chiaramente un paese per macchine; l'autostrada è chiamata Autobahn e ci sono delle strade eccellenti per viaggi in macchina ad alta velocità. La maggior parte dei tedeschi ha un garage e alcune famiglie possiedono anche diverse macchine. Ma non tutto è perfetto qui; molti tedeschi sanno che nel centro delle città non ci sono parcheggi gratuiti. Se cerchi uno spazio gratuito dove sia anche permesso parcheggiare, probabilmente dovrai guidare per ore prima di trovarne uno. I parcheggi nei garage possono essere davvero molto cari, soprattutto se te ne serve uno per un giorno intero o anche a lunga durata. Le persone che vivono in città spesso richiedono una tessera di parcheggio per residenti. In questo paese ogni residente dev'essere registrato alle autorità, il che può essere una buona cosa ma anche qualcosa di molto negativo. Coloro che non possono ricevere un contrassegno per residenti ma hanno bisogno di parcheggiare la loro macchina in centro devono lasciarla nella periferia della città ed usare i mezzi pubblici.

33. Fare La Spesa

Il mio nome è Fatima. Sono originaria del Medio Oriente; ma vivo in Italia dove riesco a sentirmi abbastanza a mio agio, soprattutto da quando vivo qui con la mia famiglia. Fare la spesa è uno dei miei bisogni giornalieri. Di solito la faccio durante la mattina quando meno consumatori vanno al supermercato. Per risparmiare, preparo sempre una lista. Per esempio, oggi devo comprare il riso, le verdure, il latte, le sardine e la pasta. Se trovo delle buone offerte compro maggiori quantità. Le patate e il maiale spesso non rientrano nei miei menu, si tratta di prodotti più comuni tra gli italiani. Nella maggior parte dei supermercati devi imbustare i tuoi acquisti da solo e puoi pagare con carta di credito.

34. Una Casa Pulita

Una volta l’anno, devo pulire a fondo tutta la casa. Di solito lo faccio in primavera, quando in casa c’è meno umidità. Siamo una famiglia piuttosto numerosa con quattro figli, tutti adolescenti, quindi il caos e la sporcizia si accumulano rapidamente. La nostra è una tipica casa unifamiliare, con un garage annesso e un piccolo attico. Il salotto è collegato alla cucina. Abbiamo anche un congelatore aggiuntivo fuori casa, dove conserviamo la carne. Parte di essa proviene dalla caccia che mio padre pratica nei fine settimana. Comunque, quando iniziamo, puliamo per prima cosa le stanze dei ragazzi. Puliamo il pavimento e strofiniamo le finestre; passiamo lo straccio più di una volta fino a quando il pavimento splende e torna come nuovo. Pulisco i mobili personalmente, e di solito mi serve almeno una mezza giornata per finire di pulire la cucina. Mio fratello si occupa della pulizia del garage e ci aiuta a portare fuori la spazzatura. Siamo una famiglia pulita ed organizzata, con una casa pulita e dei ragazzi sani. Siamo davvero molto orgogliosi di noi stessi.

35. Piani Futuri In Messico

Sono in vacanza in Messico e passeggio sulla spiaggia. Fisso il mare. I miei pensieri si interrogano sul futuro. Come sarà il mio avvenire? Cosa farò? Cosa dovrei fare? Sogno di finire il mio percorso formativo con un dottorato in medicina. Dopo potrei diventare davvero un dottore e lavorare in ospedale. Potrei addirittura avere uno studio tutto mio. Immagino anche di diventare un chirurgo plastico. So che guadagnano un sacco di soldi e la maggior parte di essi ha una reputazione eccellente. Alcuni sono diventati addirittura delle celebrità. Mi chiedo ancora. Potrei anche finire l'università con lode e poi finire la mia vita. Ma poi penso, di nuovo, mi piace dove sono adesso. Forse dovrei rimanere qui in Messico e trascorrere la mia vita disteso su un'amaca.

36. Dialogo – Mangiare In Stile Europeo

A differenza degli Stati Uniti, in molti stati europei un cliente può semplicemente entrare in un ristorante e scegliere tra i posti liberi quello che preferisce. Tuttavia, nei ristoranti di fascia più alta spesso non ci sono menu sui tavoli, quindi è necessario chiedere al cameriere di portartene uno. I camerieri di solito indossano una camicia bianca e dei pantaloni neri. Hanno anche un piccolo taccuino in cui annotare gli ordini.
Spesso una conversazione tra cliente e cameriere si svolge così:
Cameriere. „Buonasera, ha già scelto cosa ordinare?"
Cliente. „Vorrei una cotoletta e un'insalata, numero cinque sul menu."
Cameriere. „Benissimo. Da bere cosa preferisce?"
Cliente. „Solo dell'acqua minerale."
Cameriere. „Naturale o frizzante?"
Cliente. "Leggermente frizzante."

Cameriere. "Quindi le porto un'insalata, una cotoletta e un'acqua leggermente frizzante, giusto?"
Il cliente annuisce.

Dopo il pasto, il cliente chiede: "Il conto, per favore."
Lasciare la mancia è facoltativo e nella maggior parte dei paesi non è inclusa nel conto.

37. Il Nostro Giro In Bicicletta

Siamo due ragazzi in vacanza in Olanda. In questo paese, tutti possiedono una bicicletta ed è una parte della loro cultura; ecco perché abbiamo noleggiato una bicicletta per tutta la settimana in modo da esplorare non solo le grandi città, come Amsterdam, ma anche la campagna circostante. Pedaliamo dalla mattina presto alla sera tardi e ogni giorno proviamo a percorrere lunghe distanze. Di solito facciamo circa cinquanta chilometri al giorno. Non ci sono montagne di cui parlare quindi possiamo pedalare più velocemente che riusciamo. Le nostre biciclette sono completamente attrezzate, con luci e catarifrangenti adeguati, cambi di marcia, un campanello e anche un compressore. Oltre a ciò, indossiamo anche un casco e una maglietta colorata. Ci piace considerarci dei ciclisti quasi professionisti. Per me è soltanto uno sport, ma il mio amico sogna già di partecipare al Giro di Francia.

38. Una Visita Dal Dottore

Elsa pensava seriamente di essere incinta. Guardando la sua pancia sembrava già che avesse inghiottito dei palloni da pallacanestro quando decise che fosse ora di chiamare il suo medico per sentire i risultati degli ultimi esami. Ma, proprio come l'ultima volta, il dottore confermò che non era affatto incinta. Tuttavia, nelle settimane successive, Elsa mise su altri chili. In più, la forma del suo stomaco diventò strana; somigliava davvero ad un'enorme patata. La bilancia segnava più di 130 chili ed Elsa non riusciva a darsi una spiegazione. Alla fine Elsa si fece controllare in un ospedale per chirurgia estetica, fondamentalmente per aspirare il grasso dal suo corpo. Quando Elsa lasciò l'ospedale, pesava soltanto 45 chili. Chiese al chirurgo informazioni sulla sua condizione. Il dottore puntò il dito verso il prato di fronte l'ospedale. „Vede quell'asino sul prato? L'abbiamo rimosso dal suo corpo. Adesso Lei è guarita."

39. Il Ristorante Italiano

Antonio ha aperto da poco un ristorante nella Bay Area e la sua specialità è la cucina italiana. In realtà, il ristorante fa parte della sua casa che ha anche un grande giardino ed è molto spaziosa. Una sera, proprio quando sta per chiudere, entra una giovane coppia. Sua moglie, che lavora in cucina, si chiede perché suo marito faccia entrare questi ospiti.
„Antonio, la cucina è già chiusa; in più, non abbiamo abbastanza cibo in frigorifero per cucinare altri due pasti.“ Antonio scuote la testa. „In realtà ce l'abbiamo. Ho ancora il coniglio lì dentro.“
„Ma a molti non piace il coniglio,“ protesta la moglie.
„Conosco una ricetta molto antica proveniente da un vecchio libro di cucina. Lasciami provare.“
„Quanto tempo occorre per prepararla?“
„Circa un'ora. Devo ancora strappare la pelliccia, visto che ho sparato al coniglio nel giardino poco fa.“

40. La Lampada Misteriosa

Ciò che inizialmente Bruno Schmidt voleva comprare in questo mercato delle pulci tedesco era un tamburo. Pensava che per trovarne uno discreto fosse necessario andare in un mercato delle pulci grande, sito nella città principale e aperto di solito nei fine settimana. Era dunque una domenica quando vide un grande tamburo rosso su un tavolo, che offriva anche un sacco di roba rotta e degli oggetti vecchi, apparentemente inutili. Per qualche ragione, il venditore non voleva vendergli il tamburo.
„Non sa leggere,", gli chiese il venditore. Indicò un cartello scritto a mano che diceva: Prendi tutto per 100 euro.
Sembrava che l'uomo non volesse vendere soltanto il tamburo. Bruno vide poi una vecchia lampada vintage che sembrava davvero interessante; una tipica lampada con un paralume da mettere in camera da letto. Poteva di certo usare una lampada come quella.
Bruno chiese all'uomo se poteva comprare sia il tamburo che la lampada. Il vecchio annuì. Bruno diede un'occhiata più da vicino alla lampada.

C'erano delle vecchie linee decorative sul paralume, il quale aveva anche una vecchia pergamena ed un colore brillante. Vide poi qualcosa di simile ad un lungo numero all'angolo del paralume. Era un tatuaggio? „Di cosa è fatta la lampada?" chiese Bruno all'uomo.
„Non credo sia pelle d'animale," rispose l'uomo. „L'ho comprata al mercato delle pulci a Buchenwald."

41. Un Matrimonio Insolito

Il signor Russo è un commercialista ma lavora in una grande compagnia di assicurazioni. Gode di un'ottima reputazione grazie al suo essere affidabile e dotato di una grande etica professionale. In breve tempo, è diventato anche dirigente. Nonostante ciò, nelle ultime settimane, il signor Russo è stato spesso male. Sembra anche che non sia molto concentrato, i suoi colleghi affermano di vederlo sempre distratto da qualcosa. La verità è che il Signor Russo nasconde un segreto. Da un pò di tempo ha una nuova fidanzata; ma il vero segreto è che l'ha incontrata per strada. La prima volta che si sono visti, lui l'ha pagata per trascorrere del tempo insieme. Un giorno dice ai suoi colleghi che stava progettando di sposare la sua fidanzata. Uno di essi è sempre stato molto sospettoso al riguardo e anche invidioso. Dopo alcune ricerche su internet, egli scopre che la fidanzata del Signor Russo ha un passato discutibile. Riferisce quindi le sue scoperte ai direttori. Essi hanno messo il signor Russo di fronte ad una scelta. Potrà tenere il suo lavoro a condizione che non sposi quella donna, o sarà obbligato a lasciare l'azienda. Il signor Russo è disperato. Dovrebbe sposare la sua fidanzata o mantenere il lavoro? Alla fine il signor Russo dice ai suoi superiori. “Mi sposerò. Ma non sposerò quella donna, sposerò il mio ufficio se mi darete un contratto a tempo indeterminato.”

42. Le Scarpe Nuove

Oggi Antonio ha intenzione di comprare un paio di scarpe nuove. In un negozio di calzature chiede al commesso se hanno anche delle scarpe da lavoro. L'uomo risponde che avevano addirittura dei modelli di scarpe da lavoro in offerta ad un prezzo speciale. Antonio nota un particolare paio di scarpe molto carino sullo scaffale. Chiede se, per quel modello, il suo numero fosse disponibile. Il commesso risponde, „Mi dispiace ma ci sono solo quelli esposti, senza garanzie per le scarpe in sconto." Antonio controlla il prezzo e compra le scarpe ad hoc. Il giorno seguente Antonio indossa le sue nuove scarpe. Tuttavia, la sera torna con un piede zoppicante e ferito. Sua moglie scuote la testa. „Perché hai comprato delle scarpe troppo piccole per te?"

Antonio risponde. „Soltanto una delle due è troppo piccola, ecco perché è stato un grande affare."

43. Controllo Dei Biglietti

Ricordo che quando ero piccolo trascorrevo molto tempo in Germania; andavo anche a scuola lì. In questo paese, i treni sono una parte fondamentale del trasporto quotidiano. Eravamo un gruppo di quattro bambini ed era inverno, c'era molta neve. Irma era una delle più piccole, in quel periodo aveva soltanto undici anni. Abbiamo fatto un viaggio in treno da Monaco verso una città più piccola. Era un treno molto bello e moderno, e avevamo anche uno scompartimento tutto nostro. Abbiamo sentito qualcuno bussare alla porta. Era il controllore, un uomo in uniforme incaricato di verificare che avessimo acquistato i biglietti. Mentre egli controllava i biglietti uno per volta, Irma cercava nervosamente nella sua borsa; non riusciva a trovare il suo biglietto. Il controllore le ha chiesto le generalità e dopo le ha detto di seguirlo. In quel momento il treno si era fermato in una piccola città. Abbiamo aspettato che Irma tornasse ma non è successo nulla. Ad un tratto il treno si è mosso e, dalla finestra, abbiamo visto Irma in piedi da sola, terrorizzata in stazione. Ma sembrava avere qualcosa di diverso. Subito dopo abbiamo notato che Irma stava ferma lì senza la sua giacca! L'aveva lasciata sul sedile, e a quanto pare il controllore l'aveva cacciata giù dal treno, lasciandola praticamente morire di freddo alla stazione.

44. Disoccupata

Laura si ritrova di nuovo disoccupata. Negli ultimi anni ha lavorato come contabile, ma l'azienda è andata in bancarotta. La compagnia per cui lavorava prima ha esternalizzato tutti i ragionieri presso un'azienda in India. Negli ultimi dieci anni o quasi, Laura ha lavorato ad intermittenza, affrontando spesso molti mesi senza un impiego. Ciò nonostante, Laura si considera una persona affidabile, puntuale e degna di fiducia e con un po' di fortuna, secondo lei, troverà presto un altro lavoro. Ogni giorno cerca nuove offerte di lavoro sui siti web specializzati in annunci e sui giornali locali. Manda il suo curriculum ad ogni azienda che le venga in mente, nella speranza di lavorare poiché l'essere disoccupata prosciuga anche i suoi risparmi. Uno dei suoi principi più importanti è il non arrendersi mai. Il suo lavoro dei sogni è sempre quello di contabile, ma sa bene che i tempi sono cambiati. È una persona flessibile, anche trovare un lavoro come segretaria potrebbe andarle bene.

45. Divorziata

L'anno scorso ho divorziato da mio marito. Il mio ex-marito è un alcolizzato, non in grado di sostenere la sua famiglia. Per fortuna, i ragazzi lavorano già, ma nonostante questo, hanno bisogno di un supporto finanziario di tanto in tanto. Sto incontrando altre madri divorziate ad alcuni incontri settimanali. Spesso facciamo delle escursioni o condividiamo delle attività di svago. Alcuni dei miei amici divorziati si sposeranno per la seconda volta, come accade abbastanza spesso in realtà. Ho notato che se le persone restano sole per troppo tempo, spesso finiscono per iniziare a bere. Ho detto addio non soltanto a mio marito ma anche all'alcool; sono sulla strada giusta per tornare ad essere padrona della mia vita.

46. Autobus E Treni

Marco e Anna sono fratelli. Ogni fine settimana, la mattina, si mettono in viaggio per andare a trovare la loro nonna. Ella vive in una città lontana. Visto che i due fratelli non possiedono una macchina; devono ricorrere ai mezzi pubblici, più precisamente al treno e all'autobus. Per prima cosa, devono prendere un treno verso la città principale più vicina. Arrivati alla stazione, devono prendere la metropolitana per raggiungere l'altra parte della città. Dopo di che, quando sono finalmente arrivati all'ultima stazione fuori città, devono prendere un autobus che li porti a destinazione; un paesino in campagna. Il viaggio dura circa mezza giornata e di solito riescono ad arrivare prima di pranzo. Dopo essersi riposati un'oretta, vanno via e ricominciano il viaggio verso la città, prendono un'altra volta i treni fino ad arrivare a casa all'ora di cena. Entrambi stanno risparmiando con impazienza per comprare una macchina, visto che il viaggio per andare a trovare la nonna in macchina durerebbe soltanto un'ora.

47. Un Libro Famoso

Per circa un mese ho letto un libro molto accattivante scritto da un autore famoso. Si tratta di un romanzo che racconta la storia di un vecchio che va a pescare nell'oceano. Egli deve sconfiggere un pesce grande e molto potente; e alla fine riesce a vincere questa sfida. Al di là della trama, il libro contiene un significato più profondo. L'autore è Ernest Hemingway, che scrisse il romanzo Il Vecchio E Il Mare nel 1951 a Cuba. Questo suo lavoro è considerato uno dei migliori romanzi della letteratura mondiale. Ha ricevuto il Premio Nobel per la letteratura. Sono davvero affascinato da questo libro e mi piacerebbe leggere altre opere di questo autore. Penso anche che un buon libro sia decisamente migliore di un film.

48. Una Semplice Insalata

Lisa lavora in un elegante ristorante di Londra. Ha iniziato due settimane fa. Quasi sempre lavora in cucina, ma quando il ristorante è pieno deve anche dare una mano come cameriera. Lo chef è molto conosciuto, quasi una celebrità; e oggi lavorerà in cucina da solo. Il servizio cena è iniziato e i primi ordini stanno arrivando. Lo chef grida a Lisa: „Ho bisogno di un'insalata semplice Lisa!"
Lisa inizia immediatamente a prepararla. Per prima cosa taglia la lattuga e poi mischia l'insalata con dei cetrioli tagliati. Taglia anche un pomodoro in quattro pezzi, affetta una cipolla e aggiunge qualche oliva all'insalata. Alla fine, mescola tutti gli ingredienti e condisce con olio d'oliva, aceto, sale e pepe.
„L'insalata è pronta," grida Lisa.
Lo chef guarda il piatto, sbalordito.
„E questa la chiami una semplice insalata?"

49. Pasqua

La Pasqua in Italia, Inghilterra e, più in generale, in Europa, è una festività che coinvolge tutta la famiglia. Il Venerdì Santo in campagna si fanno spesso dei falò dove la famiglia e gli amici si riuniscono per una grigliata e, talvolta, si ascolta anche un po' di musica. La Pasqua è davvero una tradizione in molti paesi.
Per i bambini, in realtà, è la mattina di Pasqua il giorno più importante della festa. Nelle prime ore del mattino essi amano dipingere le uova sode e nasconderle nei cespugli. Per gioco iniziano poi a cercare le uova nascoste, ma non tutte vengono trovate. Anche settimane dopo Pasqua, succede spesso che il terreno inizi a puzzare di uova marce che non erano state trovate.

50. Cibo Vegano

Maria sa bene che dovrebbe mettersi a dieta. Ha letto molti libri di cucina dietetica e fatto numerosi esercizi mattutini. Ha anche studiato e provato diverse ricette dietetiche, ma molte di queste contengono la carne, ingrediente che Maria cerca sempre di evitare. Inoltre, cucinare richiede tanto tempo e, quando possibile, ella cerca di trovare un ristorante con cucina sana, visto che non vuole affatto cucinare ogni giorno.
Un amico le ha parlato di un buon ristorante vegetariano. Maria lo prova e scopre che i piatti sono assolutamente deliziosi. Quasi tutti i piatti sono vegetariani, e alcuni di essi sono addirittura vegani. In poco tempo, Maria diventa una cliente abituale del locale. Il suo piatto preferito è la zuppa di verdure che, per definizione, non contiene carne. Un giorno chiede al cuoco come fa la zuppa ad essere così deliziosa, vuole sapere il suo segreto. Il cuoco risponde che usa sempre il brodo di pollo.

51. Evacuazione

Siamo pensionati e viviamo in una casa di riposo. Lo scorso autunno c'è stata una forte tempesta. Ma era solo l'inizio. Dopo aver piovuto a dirotto per giorni, l'intera città si è allagata. Alla fine, abbiamo avuto un blackout. Il riscaldamento, l'elettricità, addirittura il telefono erano fuori uso. All'inizio l'abbiamo presa bene; ma durante la notte ha iniziato a far veramente freddo con le temperature che scendevano pericolosamente sotto lo zero. Sono passati tre giorni prima che arrivassero gli autobus; avrebbero dovuto permettere la nostra evacuazione dall'edificio. Con nostra sorpresa gli autobus non erano venuti a prendere noi, si sono fermati invece alla porta dopo la nostra dove c'era un resort di lusso. Ci è stato detto che loro venivano prima, perché potevano permettersi di noleggiare gli autobus pagando un sacco di soldi. Non potevamo di certo competere con quei prezzi. Quando sono andati via, gli ospiti ci hanno fatto l'occhiolino dal finestrino. Siamo rimasti nella casa di riposo e per fortuna, dopo alcuni giorni, i vicini e dei privati ci hanno aiutati ad uscire, uno per volta.

52. Lavoratori

Lavoravo in un cantiere ed ero un muratore. In quei giorni dovevo trasportare molti materiali pesanti, spesso mattoni e cemento. A volte, dovevo anche pulire l'asfalto manualmente con una scopa. Un giorno, una ragazzina si è avvicinata e mi ha chiesto perché sudassi così tanto. Le ho detto, „Perché devo lavorare sodo." Ma lei continuava a chiedermi, perché non facessi qualcos'altro. Ho risposto, „Perché so fare soltanto questi lavori pesanti". Ad un tratto è arrivato il mio capo e mi ha urlato. „Cosa stai facendo? Ti pago per lavorare non per ciondolare."

Ho risposto. „La ragazza mi stava solo facendo una domanda innocente."

„Cosa ti ha chiesto?"

„Perché sudo così tanto."

„Basta," disse lui, „Non siamo in una scuola materna. Datti una mossa."

Il giorno seguente non sono tornato a lavoro. Ho provato a cercare qualcosa di diverso. Alla fine ho trovato un impiego ben pagato nella pulizia fognaria.

Questo nuovo lavoro aveva un vantaggio; almeno non dovevo sudare così tanto.

53. Sotto Il Lampione

Martin studia a Milano e ha trovato un lavoro serale in un ristorante. Anche se studia e lavora molto; non si sente ancora a suo agio. Una delle ragioni principali è che non ha molti contatti sociali. È più un sognatore e deve ancora capire come trascorrere il tempo libero di cui dispone. Ogni sera quando torna a casa da lavoro, deve attraversare un parco. Si tratta di un parco molto grande e solitamente vuoto, ad eccezione di alcuni corridori, non è frequentato da molte persone. È un giardino molto bello con dei lampioni tipicamente italiani e molti cespugli. Una sera Martin nota una donna in piedi da sola sotto un lampione. Sembra aspettare qualcuno. Martin pensa che la donna sia molto attraente. La sera seguente, la stessa donna aspetta un'altra volta sotto il lampione. Quella notte, quando Martin si mette a letto, pensa ancora a lei. Una donna molto attraente con un trucco leggero e dei tacchi alti. La situazione si ripete più e più volte nelle settimane successive. Nonostante ciò, Martin è troppo timido per parlarle, anche se qualche volta ha desiderato avere più coraggio per farlo. Un venerdì sera Martin si avvicina alla donna. Oggi è determinato a parlare con lei. La donna lo accoglie con un grande sorriso. Dice, „Vieni con me?“

54. La Mia Migliore Amica

Io e Angela siamo amiche dal liceo. Oggi, dopo cinque anni, ci sentiamo ancora regolarmente anche se viviamo in città diverse. Quando ci succede qualcosa di importante, siamo sempre pronte a supportarci a vicenda. Entrambe abbiamo intenzione di continuare a studiare in un'università ben precisa. Sarà il modo perfetto per tornare a sostenerci. I miei punti di forza sono sempre stati la matematica e la fisica, mentre la mia amica preferisce le lingue e l'arte. In un modo o nell'altro, so sempre quello che lei non sa e viceversa. A volte ci siamo anche date conforto in momenti di ansia o rabbia. Ho dovuto calmarla molte volte, soprattutto quando aveva problemi con il suo fidanzato. Il punto è che abbiamo un'amicizia davvero indistruttibile che spero sopravviva a qualunque cosa.

55. Preparativi

Mi chiamo Nico e venerdì prossimo festeggerò il mio compleanno in un nuovo appartamento. Compirò 30 anni. Nelle prime ore del mattino, la mia famiglia verrà a trovarmi. Arriveranno i miei genitori, insieme ai miei fratelli e i nonni. La sera incontrerò tutti i miei amici, che sono stati invitati alla festa. In realtà, li ho invitati a restare anche a cena. Mia madre mi darà una mano visto che sono un cuoco abbastanza pessimo. Preparerà un po‘ di pollo o carne e, soprattutto, mi ha promesso di portare una grande torta. Essa dev’essere decorata con trenta candeline! Penso che sarà una torta personalizzata, proveniente da una pasticceria che realizza anche delle torte artistiche. Ho sentito che non accettano chiunque, il che mi fa sorridere. Comunque, sarà una parte davvero molto importante del compleanno per me.

56. Social Media

Mi chiamo Nicole. L'aspetto della vita per me più importante è apparire e sentirsi bene, in salute. Essere bella è soltanto una parte del mio business. Pochi anni fa, ho creato un'attività online per la vendita di cosmetici e profumi. Per espandere i miei affari, uso diverse piattaforme di social media per farmi pubblicità, come Twitter e Facebook. In più, uso anche il potere dei social media più visivi; i miei preferiti sono Instagram e Pinterest. Cerco di spargere la voce su come le donne possano rimanere giovani e belle. La cosa interessante è che ho ricevuto tantissime richieste d'amicizia virtuali, sembra che tutti vogliano connettersi con me. Alla fine, molti dei miei clienti sono diventati anche degli amici, talvolta anche soci d'affari. Non mi sono mai pentita e non ho mai desiderato tornare al mio vecchio lavoro come addetta alle vendite. La mia vita, i miei amici e i miei soldi provengono dal mio business online.

58. Grandi Prestasoldi, Grandi Spendaccioni

Dopo il lavoro vado spesso in un pub. Di solito ordino una birra grande e, se sono fortunato, guardo una partita di football. La maggior parte degli uomini che frequenta il pub sono clienti abituali, e alcuni di loro li conosco personalmente. È7sempre affascinante per me scoprire le loro storie. C'è un cliente che credo venga qui ogni giorno da anni. Ama parlare di sè; di quanto sia un uomo di successo e di quanto sia ricco. Un giorno mi chiede un favore. Mi chiede di prestargli 50 sterline. Di solito non sono una persona che presta denaro molto facilmente. Ad ogni modo, egli mi ha detto che me li avrebbe restituiti il giorno dopo quindi gli ho dato i soldi. La sera seguente è arrivato al pub e mi ha restituito il denaro senza fare storie. Passa una settimana, e lo stesso cliente mi chiede nuovamente dei soldi. Glieli do per la seconda volta, aspettandomi di riaverli indietro il giorno dopo, come la volta scorsa. Stranamente la sera seguente l'uomo non si è presentato. Ho chiesto al barista e agli altri clienti se qualcuno lo avesse visto. Sono rimasto sbalordito quando ho scoperto che ieri l'uomo aveva chiesto denaro in prestito a molte persone, talvolta anche centinaia di sterline. Noi gliele abbiamo date perché la prima volta ci aveva ripagati. Ciò nonostante, non abbiamo mai più visto quell'uomo.

58. I Bambini E Il Traffico

Nostro figlio ha già sei anni. È arrivato il momento che impari un po‘ di regole del codice stradale visto che ama andare in bicicletta nel quartiere. Gli spieghiamo che se attraversa la strada deve prima guardare a destra. Poi deve controllare a sinistra, e soltanto quando non vede nessuna macchina in arrivo può attraversare. Deve stare sempre molto attento, soprattutto quando vede un cartello di stop o un semaforo. Se vede la luce rossa per i pedoni, deve fermarsi e aspettare che diventi verde. Alcune zone hanno alcune piste ciclabili, qualcosa di nuovo per noi, ma anche qui i bambini devono stare attenti ad usarle nel modo corretto e non devono mai correre!

69. I Chili Vanno Giù

Recentemente Maria ha messo su un po‘ di peso. Ogni mattina si pesa sulla bilancia. Ieri essa segnava oltre 90 chili, quasi al limite. Si vergogna un po‘ di sé stessa, soprattutto perché nella sua famiglia sono tutti abbastanza magri. Per Natale si aspettava che la sua famiglia venisse a trovarla. In realtà, i suoi genitori e i suoi fratelli sono molto preoccupati per i suoi problemi di peso. Maria ha detto loro di non preoccuparsi troppo perché sta provando un nuovo piano dietetico che ha ricevuto da un amico. Iniziare una nuova dieta per lei consiste semplicemente nel preparare delle nuove ricette.
La sua famiglia la incoraggia a continuare a seguire questa dieta con costanza. Quando finalmente arriva Natale, Maria manda delle sue foto alla famiglia. Le immagini mostrano la bilancia ai suoi piedi. Sorprendentemente, pesa soltanto 54 chili. Tutti i suoi familiari si congratulano con lei per il fantastico lavoro svolto. Tuttavia, Maria nasconde un segreto. Per scattare quelle foto ha falsificato la bilancia, mandandola giusto un po‘ indietro.

60. La Gentilezza

Stefano è un appassionato di cinema. Oggi è venerdì e per stasera ha pianificato di andare al cinema a vedere un film appena uscito. Stefano arriva al cinema in anticipo, ma al botteghino c'è già una lunga fila. Stranamente, ci sono anche numerose persone anziane che aspettano. Probabilmente perché durante i fine settimana danno anche alcuni film classici. Anche se il film che Stefano vuole vedere inizia tra pochi minuti, egli invita una coppia di vecchietti a passare avanti. Capisce bene che dev'essere faticoso per loro stare lì in fila, soprattutto con quel clima così piovoso.
Stefano è ancora in coda quando vede un pezzo di carta sul pavimento. Dà un'occhiata più da vicino e scopre che si tratta di una banconota da venti dollari. Raccoglie i soldi e si chiede se fossero caduti a qualcuno di fronte a lui. La coppia di anziani lo guarda. Ad un tratto si avvicina a lui. „Forse abbiamo fatto cadere il denaro per errore. Ma visto che sei una persona così gentile, puoi tenerli, sono tuoi."

61. Un Aiuto

Stefano ha quindici anni. Dal lunedì al venerdì va a scuola e, all'una circa, prende l'autobus per tornare a casa. Di solito l'autobus è pieno di studenti. Qualche volta vi sono anche delle persone anziane, visto che molte di loro sono troppo avanti con l'età per guidare una macchina. Stefano è un ragazzo gentile e caritatevole. Se vede un anziano salire sull'autobus, gli offre il suo posto, perché per le persone anziane stare in piedi su un mezzo in movimento può essere molto difficile e faticoso. Alla stazione degli autobus, c'è un semaforo per i pedoni. È previsto un nuovo sistema in cui bisogna premere il bottone per ottenere il verde. Molti anziani hanno difficoltà con questo metodo e Stefano non esita mai ad aiutarli ad attraversare la strada. Stefano sa già cosa vuole fare da grande; pensa che sarebbe un lavoro davvero appagante quello di badante professionista.

62. I Miei Hobby

Mi chiamo Miriam e ho molti hobby. Il motivo è semplice: ho tanti interessi diversi. Da bambina avevo una grande collezione di bambole, ma crescendo i miei gusti sono cambiati. Oggi mi interesso molto all'arte. Mi piace dipingere e sono una lettrice accanita. Leggo tutti i tipi di libri di saggistica, anche di storia. Mi piace inoltre suonare il piano. La musica è uno dei miei passatempi preferiti. Essere coinvolti in diversi hobby è, in realtà, una tradizione nella nostra famiglia. Mia sorella ama leggere libri di filosofia e tutti i miei familiari partecipano ad attività culturali. Oltre alla lettura e alla musica, mi piace anche giocare a tennis e in alcune occasioni speciali, come durante le vacanze, amo giocare a golf. I miei genitori si interessano di più all'allevamento di animali. Mio padre è un esperto di cani e animali esotici. Se il tempo lo permette, adoro viaggiare. Tuttavia, mi considero più un'esploratrice che una semplice turista. Avere tanti hobby e praticare molto sport mantiene attivi il mio corpo e la mia mente, aiutandomi anche a guardare sempre avanti nella vita.

63. Le Vacanze Sono Importanti

Il mio nome è Astrid. Ho programmato le mie vacanze da oltre sei mesi. Vengo dalla Svezia e gli inverni sono terribilmente bui e freddi lì. Non ho fatto delle scelte di carriera di cui parlare, ma ho risparmiato denaro sufficiente per organizzare una lunga vacanza nell'Europa meridionale. Andare in vacanza è qualcosa che prendo molto seriamente e cerco di pianificare tutto con più anticipo possibile. Questo perché durante le vacanze scolastiche, e soprattutto nel periodo invernale, i prezzi dei voli aumentano in modo spropositato.
Il mese prossimo inizieranno le mie vacanze invernali; volerò in Sicilia, un'isola che fa parte dell'Italia, ma è collocata più a sud, nel Mediterraneo. Sono davvero emozionato per questa mia vacanza in arrivo, visto che si tratta del periodo più importante dell'anno per me.

64. Imparare In Gruppo

Il mio nome è Marta. Vivo nel Texas da circa tre anni. Sono arrivata qui dall'Honduras con tutta la mia famiglia. Mio cognato risiede negli Stati Uniti da diversi anni ed è un impiegato statale; questo è il motivo per cui il resto della famiglia è potuto emigrare negli Stati Uniti. Nel mio paese d'origine c'è molta violenza, ma la ragione principale per cui volevamo stabilirci nel Nord America è legata al fatto che qui i salari sono molto più elevati e la vita è più conveniente in generale.

Sto provando a migliorare il mio inglese frequentando una scuola di lingue. Qualche volta non capisco tutto quello che viene detto. Allora chiedo all'insegnante, „Può parlare più lentamente, per favore?" A dir la verità, il mio inglese è migliorato tantissimo da quando studio in gruppo. Lavorare in piccoli gruppi è più divertente e coinvolgente. Sono felice di avere l'opportunità di imparare l'inglese corretto in un paese in cui qualche volta non è neanche necessario.

65. La Nostra Nuova Casa

Mio padre ha comprato una nuova casa grande per tutti noi. Essa è composta da tre piani e ogni piano ha otto stanze. Vi è anche un ampio attico che mio padre pensa di affittare. Papà mi ha spiegato che non è facile trovare degli inquilini affidabili e benestanti. Questo fine settimana incontrerà un certo numero di candidati. Lo scorso weekend ne abbiamo già visti alcuni, ma non erano abbastanza qualificati; la prima famiglia non aveva un lavoro, mentre la seconda voleva portare con sé una nonna malata. Mio padre preferisce aspettare fino a quando non avrà trovato le persone giuste. Dice che è meglio avere delle persone single, senza famiglia e non fumatrici.

66. Studiare All'Estero

Il mio nome è Luigi. Vengo dall'Italia e mi piacerebbe studiare in Germania. Ho dei voti eccellenti, ma per essere ammesso ad un'università tedesca devo parlare un tedesco sufficiente. Con un esame di lingua, come il DSH o il TESTDAF posso dimostrare le mie competenze. Tuttavia, se mi candido per una facoltà internazionale, l'esame di lingua tedesca non è necessario. In quel caso mi è concesso di migliorare il mio livello linguistico del tedesco seguendo un corso di lingua. Per fortuna, parlo già un po' di tedesco.

67. Un Regalo Speciale

Rosa aveva in programma di comprare una macchina nuova da anni. Il problema era che era disoccupata e viveva ancora a casa dei suoi genitori, più propriamente nel seminterrato. Gestiva un'attività online, ma non era abbastanza per risparmiare denaro per una macchina usata.
I suoi genitori non erano interessati ad aiutarla, perché la consideravano abbastanza grande per guadagnarsi i propri soldi da sola.
Con o senza il loro aiuto lei aveva bisogno di quella macchina! Lunedì mattina Rosa si fermò nel bel mezzo di un incrocio e iniziò a sventolare degli opuscoli in carta lucida verso le macchine. Rosa stava chiedendo dei soldi.
A mezzogiorno incontra un vicino che le cambiò la vita. L'uomo si sentiva molto dispiaciuto per lei e le diede la sua vecchia macchina.

68. Vincere Alla Lotteria

Io e mio padre abbiamo sentito che mio zio ha vinto alla lotteria. Il gioco è chiamato sei su quarantanove, il che significa che mio zio doveva indovinare sei numeri corretti. Pensiamo tutti che mio zio sia diventato milionario.
A tal proposito, mio padre ci spiega che mio zio ha ancora 2000 euro di debiti verso la nostra famiglia. Decidiamo di fargli visita. Quando apre la porta, puzza di alcool. Ci dice che non ha mai vinto alla lotteria, ma che si è vantato di averlo fatto in un bar. Voleva soltanto darsi delle arie! Mio padre gli chiede comunque i suoi soldi. Alla fine di una lunga conversazione, mio zio dà a mio padre la sua macchina. Facendo ciò, egli ha estinto i suoi debiti.

69. La Candidatura

Il mese scorso ho perso il lavoro perché ho avuto una discussione con il mio capo. Ho semplicemente lasciato l'ufficio e sono ritornata a casa. Nella disperazione di trovare un nuovo lavoro, sono andata ad un'agenzia per l'impiego. Mi hanno detto che sono qualificata per molte posizioni diverse. Mi trovo d'accordo, perché mi considero una lavoratrice onesta, scrupolosa e diligente. Ogni giorno invio numerosi curriculum, candidandomi spesso mediante delle mail tradizionali volte a catturare l'attenzione dei potenziali datori di lavoro. Nonostante questo, la maggior parte delle aziende non mi ha ancora risposto. Ieri ho ricevuto una lettera. L'intestazione sembrava abbastanza familiare, quindi ho subito guardato il mittente. Non potevo crederci! A quanto pare la mia vecchia compagnia aveva licenziato il mio precedente capo, e adesso mi stanno offrendo la stessa posizione che ricoprivo prima.

70. Il Tassista

Mario Ricci è un tassista. È davvero un gran lavoratore. Guida il suo taxi per almeno dodici ore al giorno. La domenica è l'unico giorno in cui non lavora. Anche se il suo lavoro è molto faticoso, gli permette di conoscere molte persone diverse. Tanti clienti amano chiacchierare con Mario. Inoltre, egli guida una limousine molto grande, e questo rende il suo lavoro più sopportabile. La maggior parte dei clienti gli lascia un'ottima mancia. Non può affatto lamentarsi dei suoi guadagni. Tuttavia, in futuro, gli piacerebbe fare qualcosa di diverso. Mario ha spesso pensato a lungo a cosa dovrebbe fare in futuro. L'altro giorno si sentiva particolarmente ispirato. Adesso ha le idee abbastanza chiare riguardo a cosa farà dopo aver lasciato il lavoro. Ha preso spunto dal film „Taxi Driver", che ha come protagonista l'attore Robert De Niro.

71. La Mia Vecchia Patente

Ieri ho compiuto settant'anni. Da che ho memoria, ho guidato senza mai fare incidenti. Ho sempre guidato la macchina, anche per delle brevi distanze, e non riesco ad immaginare una vita senza un mezzo di trasporto. La ragione per cui non ho mai avuto un incidente è legata al fatto che ho sempre guidato in modo molto prudente. Questa mattina, c'era un posto di blocco e la polizia fermava ogni veicolo. Mi hanno chiesto di scendere dalla macchina. L'agente mi ha detto che non potevo più guidare perché sembrava che non avessi mai avuto una patente per iniziare a farlo.

72. Dialogo – Dov'è Il Nostro Gatto?

Una mattina abbiamo trovato un uccello morto di fronte la nostra porta. Sembrava che qualcuno l'avesse messo lì.
Ho detto a mia madre: "Penso che sia stato il nostro gatto Mika."
Mia madre mi ha risposto: "E' la sua natura, non dobbiamo interferire."
Non ero d'accordo. "E' pericoloso."
"Perché?"
"Il cadavere di un uccello contiene dei batteri. Mika porterà quei batteri dentro casa."
"Hai ragione", ha detto mia madre, preoccupata.
Mia madre ha dovuto prendere una decisione. Ha portato il gatto dentro casa. Dopo quella volta, non ho mai più visto Mika.

73. Prima Volta In Inghilterra

Questa mattina sono finalmente arrivato in Inghilterra per la prima volta, in aereo. Starò qui per circa un anno. Sono venuto per cercare lavoro. Sembra che questo paese sia organizzato molto bene. Ci sono tanti mezzi pubblici a disposizione e le strade sono pulite. Le macchine circolano sul lato sinistro della strada. Anche i supermercati sono ben forniti. Penso che gli inglesi siano delle persone molto educate. Ho notato la loro cortesia nell'aspettare con pazienza in fila il proprio turno e nello scusarsi in ogni occasione. Sembra essere qualcosa di molto comune. Anche in Italia le persone sono gentili, ma più calorose.

74. La Scuola E I Nostri Piani Per Il Futuro

Adriana frequenta la scuola. Alla maestra piacerebbe sapere dai suoi studenti cosa vorrebbero fare da grandi. „Che lavoro vorreste avere in futuro?“ chiede l’insegnante. Antonio è il primo ad alzare la mano. „Vorrei diventare un dottore, così posso aprire i corpi delle persone e vedere cosa c’è dentro.“

Luca annuisce e alza la mano. „Voglio diventare un poliziotto, così posso sparare ai cattivi.“

Nicole ride e si fa avanti. „Mi piacerebbe diventare una pilota, in modo da sentirmi libera come un uccellino.“

Alla fine è il turno di Adriana. „Voglio diventare un’insegnante. Mi piacerebbe aiutare gli studenti a scegliere bene cosa vogliono fare da grandi.“

75. Sposo Il Mio Lavoro

Il signor Rossi è un ragioniere e lavora per una grande azienda. Ha dei turni di lavoro regolari. Inizia la sua giornata alle otto di mattina e lascia l'ufficio alle cinque di pomeriggio. Ultimamente, il signor Rossi sembra non stare molto bene. I suoi colleghi dicono che appare poco concentrato. Quello che nessuno sa è che il signor Rossi nasconde un segreto. Un po' di tempo fa il signor Rossi ha conosciuto la sua nuova fidanzata ed il vero segreto è che l'ha incontrata per strada. In realtà, il signor Rossi l'ha pagata per trascorrere del tempo con lei. Un giorno, il signor Rossi dice ad un suo collega che si sarebbe presto sposato.

Ma questo collega, che ha osservato molto il signor Rossi e pensa che egli sappia qualcosa, racconta al capo che il signor Rossi stava pianificando di sposare una donna dalla reputazione discutibile. Il suo superiore avverte il signor Rossi che non potrà più lavorare per l'azienda qualora decidesse di sposare questa donna. Il signor Rossi riflette con attenzione sulle sue alternative. Dovrebbe sposarsi o mantenere il lavoro? Alla fine, dice al suo capo, "Ho intenzione di sposarmi, ma non con quella donna, sposerò invece il mio lavoro."

76. Dialogo – Oggi Carne Di Piccione

Luca ha un ristorante italiano a Tokyo. Il locale fa parte della grande casa in cui egli vive. Dietro la sua abitazione vi è un grande giardino selvatico. Una sera, quando Luca voleva semplicemente chiudere il ristorante, degli ospiti arrivano in ritardo. Sua moglie, giapponese, lavora in cucina. Si chiede come mai suo marito voglia servire dei clienti a quell'ora. "Perché vuoi comunque farli accomodare," chiede. "E' tardi e non uscirò mai più dalla cucina."

"I clienti hanno già ordinato del vino," dice Luca. "In più, abbiamo ancora della carne di piccione in frigorifero. Ho detto quindi agli ospiti che stasera serviamo soltanto il piccione."

77. Un Pensionamento Tranquillo

Il signor Logan è un agente di commercio internazionale. Gira il mondo per vendere dei software per computer. L'azienda per cui lavora è ritenuta tra le migliori compagnie del settore. In realtà, le più grandi compagnie del mondo come Exxon Mobile, BMW, Thyssen, Siemens e anche Airbus rientrano nella sua base di clienti. Anche se il signor Logan guadagna molto bene, vorrebbe aprirsi un'attività in proprio. Il signor Logan sta per prendere una decisione che gli cambierà la vita. Decide di lasciare l'azienda per iniziare una sua attività. Vuole vendere prodotti provenienti da compagnie diverse e per iniziare decide di far ricorso ai suoi vecchi contatti. Purtroppo, le cose non vanno affatto come si aspettava. I suoi vecchi clienti non accettano i nuovi prodotti, preferiscono invece continuare a fare affari con la sua vecchia azienda. Per fortuna, il signor Logan aveva risparmiato una quantità di denaro sufficiente per andare in pensione in tranquillità.

78. Il Mercante D'Arte

In passato Werner Schultz fu un attore teatrale. Era molto conosciuto a Berlino ed era anche riuscito ad ottenere un ruolo importante in una serie televisiva in cui recitava il ruolo di criminale fidato.

Il signor Schultz non era apparentemente mai stato povero e si era sempre interessato molto all'arte e all'antichità.

Adesso che aveva più di cinquant'anni, riceveva ormai poche offerte di lavoro in film o spettacoli teatrali. Ma il signor Schultz era diventato abbastanza famoso anche come pittore d'arte.

Si può dire che il signor Schultz fosse un vero artista e un grande esperto d'arte, poiché possedeva un'ampia conoscenza di questo settore, soprattutto dei quadri antichi. Era ben informato sugli Impressionisti del diciannovesimo secolo. Dopo molti anni come artista, attore ed esperto di piuttura, il signor Schultz era ormai considerato sempre il benvenuto in molti negozi e gallerie. Il signor Schultz comprava numerosi dipinti ad olio di valore nei negozi di antiquariato e nelle gallerie d'arte.

Ma la sua fama di essere un ottimo fornitore era anche più vasta. La qualità dei suoi quadri e la merce che offriva ai venditori erano eccezionali.

Un giorno i giornali hanno scritto che il famoso mercante d'arte ed attore Werner Schultz era morto. Nessuno sapeva che fosse morto, visto che il signor Schultz non aveva parenti, perciò i giornalisti stavano cercando degli amici o dei familiari.

Di recente, i giornalisti hanno infine trovato quello che stavano cercando. Il signor Schultz era un parente lontano di Hermann Göring.

79. Un Nuovo Mondo

Ancora oggi, Ben Iglesias non riesce a spiegarselo. Cosa era successo davvero? La sua vita non era peggiorata rispetto al passato. Ma la cosa strana era che quella sensazione di non appartenere a questo posto non era affatto sparita. Ad ogni modo, ciò non era più importante ormai.

Tutto è cominciato con il viaggio di ritorno da Marte verso la Terra, un viaggio che era stato a lungo pianificato. Per il suo equipaggio a quattro era il primo viaggio, per Ben già il quinto.

Non appena sono entrati nell'orbita della Terra, è apparsa una luce tremolante per un paio di secondi, i segnali di allarme suonavano ovunque. E poi egli ha perso conoscenza.

Quando si è svegliato, tutto l'equipaggio era morto e l'astronave era in emergenza elettricità, ma la cosa più strana era che essa era già atterrata e tutti gli strumenti erano fuori uso.

Era impossibile comprendere quanto tempo fosse passato dall'incidente. Il clima, le coordinate, i dati della navicella potevano non essere corretti. E ancora più importante era il fatto che non vi era alcun contatto con la base. Tutto sembrava semplicemente morto.

Ben guardò fuori dalla finestra per qualche secondo. Dov'era il Mar dei Caraibi? Avrebbe dovuto essere a Cuba, ma sotto l'astronave tutto era giallo e marrone.

Ben uscì dalla navicella e vide un deserto bianco che si perdeva nell'orizzonte. Faceva molto caldo e l'atmosfera aveva soltanto il 60% di ossigeno.

Ad un tratto, non riuscì a credere a cosa stesse vedendo. Lentamente ma senza alcun dubbio, si avvicinò a lui un gruppo di umani. Lo circondarono senza dire nulla. Ben non aveva paura, perché essi non sembravano aggressivi, solo del tutto diversi.

Queste persone erano basse, vi erano delle donne ed una coppia di uomini e sembravano… abbrustoliti? Erano gli Aborigeni Australiani? Una somiglianza c'era, ma essi erano molto magri, quasi come degli scheletri, e piccoli come dei bambini. Diedero a Ben dell'acqua e gli fecero segno di seguire il gruppo. Dopo una lunga camminata, arrivarono ad una valle piena di pietre, coperta da piccole cavità che rappresentavano le entrate a delle caverne oscure giganti. Da qualche parte lì sotto proveniva il suono dell'acqua.

Quella fu la prima impressione di Ben. Da quanto tempo viveva lì ormai? Ben stimava di aver vissuto con queste creature per circa tre anni. All'inizio, il linguaggio rappresentava la parte più difficile. Adesso essi erano come la sua famiglia. Sua moglie era più bassa di lui di quasi quattro teste, ma il loro rapporto funzionava. Gli sorrideva sempre. La vita non era più importante. Ben si sentiva bene, sua moglie aveva gli occhi di un gatto nero e ogni giorno sorrideva di più, era rimasta incinta.

80. Ragazza Alla Pari In Inghilterra

I genitori italiani di Nicole avevano delle buone intenzioni con la loro figlia. Volevano mandarla in Inghilterra come ragazza alla pari per imparare l'inglese. Un'agenzia aveva pianificato l'alloggio per Nicole presso una famiglia inglese. L'agenzia ha chiesto ai genitori un mucchio di soldi per un mese di soggiorno; ma a loro non importava perché l'educazione della figlia era la cosa più importante. Nicole era molto emozionata perché non era mai andata all'estero; ed imparare una nuova lingua le sarebbe piaciuto tantissimo. Quando Nicole partì per l'Inghilterra era il mese di agosto. Tuttavia, al suo arrivo, Nicole trovò una brutta sorpresa. Non le era permesso fare telefonate e a casa non c'era una connessione internet. Pertanto, Nicole andò all'ufficio postale per spedire un messaggio ai suoi genitori. Alla fine, Nicole tornò in Italia prima che la sua famiglia lo ricevesse. I suoi genitori erano molto contenti di rivedere di nuovo la loro figlia e ovviamente volevano sapere se Nicole adesso fosse in grado di parlare inglese fluentemente.

La figlia spiegò loro: “No, non ho imparato l’inglese visto che la famiglia ospitante parlava più hindu che inglese. Erano degli immigrati indiani.”
“Questo significa che tutto il viaggio è stato inutile,” affermò la madre. “No, affatto”, rispose la figlia. “Adesso so cos’è il pesce Masala.”

81. Il Formaggio Puzza Da Tutti I Lati

Harold Johnson si era innamorato. Da alcune settimane aveva una nuova fidanzata; una donna che aveva conosciuto in biblioteca e che gli aveva detto che la mattina lavorava al mercato contadino, presso il banco dei formaggi.

Il signor Johnson aveva molto tempo libero durante il pomeriggio, trascorreva la maggior parte delle sue ore libere in biblioteca.

Il signor Johnson e la donna avevano un hobby in comune. Entrambi amavano leggere libri di letteratura classica e di cucina. Una volta, il signor Johnson invitò la donna a casa sua per bere un bicchiere di vino. Fu così che diventarono una coppia.

Tuttavia, la loro relazione non era di certo priva di problemi. Il signor Johnson non apprezzava l'odore della donna. Le disse abbastanza apertamente che puzzava di formaggio. Il signor Johnson credeva che, ogni volta che la donna veniva a trovarlo, la sua intera casa puzzasse di formaggio.

Lei gli spiegò che l'odore che sentiva doveva necessariamente provenire da qualcos'altro. Alla fine, gli confessò che quando si erano incontrati per la prima volta lei gli aveva detto di avere quel lavoro perché si vergognava di ammettere di essere disoccupata. Il signor Johnson fu felice di sentirlo. Spiegò dunque alla donna che, in realtà, lui non era un pensionato come le aveva detto all'inizio.

Il signor Johnson continuava a non capire perché lei puzzasse sempre di formaggio.

"Quindi qual è il tuo vero lavoro", chiese il signor Johnson alla donna.

"Sono disoccupata ma faccio massaggi ai piedi" disse lei.

"Ecco spiegato quell'odore", replicò il signor Johnson.

"E tu cosa fai per vivere", chiese la donna.

"Lavoro in una fattoria nella stalla dei maiali, ma per fortuna soltanto la mattina."

82. I Fratelli

Alberto e Maria sono fratelli. Ogni fine settimana vanno a trovare la loro nonna. Ella vive in un'altra città che si trova in periferia rispetto alla grande città, quindi devono uscire di casa molto presto. Per riuscire ad arrivare da lei, i fratelli devono prendere prima il treno e poi l'autobus. Quando raggiungono la stazione principale devono cambiare treno per raggiungere la loro destinazione finale. Di solito passa circa un'ora prima che arrivi l'altro treno. Quando finalmente arrivano in questa cittadina, devono prendere l'autobus. Solitamente il viaggio dura circa tre ore e devono ritornare a casa prima di sera.

83. Una Nuova Ricetta

Valentina è la proprietaria di un piccolo ristorante in una cittadina vicino Napoli. Vende soprattutto patate fritte, pasta e hamburgers. Quasi tutti i clienti amano il suo cibo, ma alcuni si lamentano del fatto che il locale non sia pulito e che ci siano scarafaggi da tutte le parti. Valentina ha intenzione di attuare delle modifiche nel suo ristorante. Sarà più pulito e offrirà dei piatti più salutari. Valentina ha comprato un libro di cucina contenente molte ricette asiatiche e dietetiche. Valentina si lascia così ispirare per il cambiamento del suo menu.

Nei giorni seguenti Valentina aggiunge degli hamburgers di verdure al menu. Un cliente chiede di cosa sia fatto questo hamburger e Valentina risponde che è composto da pane e carne di insetti macinata. Aveva preparato lei stessa quella carne, uccidendo ed utilizzando tutti gli insetti che trovava nel suo ristorante.

84. Migliori Amiche

Sin da quando andavo a scuola, Sofia è stata la mia migliore amica. Avevamo circa dodici anni quando ci siamo incontrate per la prima volta. Anche se vive in un'altra città, abbiamo sempre mantenuto dei buoni contatti. Siamo anche andate al liceo insieme. Da quel che ricordo, ci siamo sempre supportate a vicenda. Io sono sempre stata molto brava nelle lingue, mentre la mia amica è più portata per la matematica. Sofia mi ha sempre aiutata con i compiti ed io le ho dato una mano ad imparare l'italiano. Da adolescenti ci consultavamo spesso sui classici problemi tra ragazzi e ragazze. Spero davvero che resteremo migliori amiche per tutta la vita.

85. L'Ordine

Una coppia di inglesi è in vacanza a Rimini. Sono seduti in un ristorante in riva al mare e sono pronti per ordinare. Finalmente arriva il cameriere. Porta loro due menu e sparisce. La coppia dà un'occhiata ai menu e non ne rimane colpita. L'uomo si accorge che sul menu vi erano delle macchie secche di ketchup e lo scuote con disgusto. Il cameriere si prende tutto il tempo per servire gli altri clienti e torna poi al loro tavolo con due bicchieri e dell'acqua. Tiene i bicchieri mettendo le sue dita nei bordi, li poggia sul tavolo e sparisce un'altra volta. La donna dice al marito. "Riesco a vedere le sue impronte sui bicchieri. È disgustoso. Puoi chiedere al cameriere di portarci degli altri bicchieri?"

"Ma se lo faccio il cameriere vorrà sapere perché e dovremmo discutere."

"Allora chiedigli se ci può portare due bottiglie d'acqua confezionate."

"Pagheremmo un extra per quello. Ma ho un'idea: penso che abbiamo ancora delle bottiglie d'acqua in macchina. Vado a prenderle."

"Ottima idea. Porta anche il sapone e uno straccio

così puliamo il tavolo prima che torni il cameriere."

86. Il Club Delle Recensioni

Diana è originaria di Londra, ma vive in Italia da quasi un anno, vicino Rimini. Ha comprato un appartamento e affitta una delle camere ai turisti, in modo da avere un'entrata extra. Guadagna anche attraverso la sua attività online di successo. Ha infatti pubblicato molti libri di auto-aiuto. Molti di essi sono dei libri di diete. Diana si sente molto a suo agio in Italia; l'unica cosa che la manca sono i contatti sociali. Da straniera in Italia, non è sempre facile trovare dei nuovi amici. Gli stranieri che vivono in Italia provengono da ogni angolo del mondo, anche se la maggior parte di essi parla inglese.

Diana ha un'idea. Perché non organizzare un incontro? Un incontro settimanale tra persone con gli stessi interessi. Diana decide di mettere un annuncio su un sito di incontri. "Incontro tra artisti ed autori di libri per aiuto reciproco e recensioni." La domenica seguente, un gruppo di stranieri si incontra in un bar. Molti sono scrittori e parlano molto apertamente dei loro libri. Alcuni autori hanno già pubblicato i loro lavori, altri stanno pianificando di farlo nel prossimo futuro. Il gruppo si mostra d'accordo nell'aiutarsi reciprocamente. L'idea è di inviare una mail a tutti i membri del gruppo ogni volta che un libro scritto da uno di essi viene pubblicato. Dopo che essi avranno comprato il libro, verrà pubblicata una recensione positiva. Tutti sono concordi nell'affermare che un sistema come quello sarebbe sicuramente di successo per ogni membro. Un giorno, Diana riceve una mail da un nuovo membro che ha appena pubblicato il suo nuovo libro. Leggendo il titolo del libro, Diana resta molto sorpresa: "L'imbroglio delle recensioni false."

87. Acquisti A Basso Costo In Giappone

Mi chiamo Rachel e oggi andrò a fare la spesa in un supermercato giapponese. Essendo una studentessa in Giappone, non possiedo molti soldi, quindi devo risparmiare sulla spesa. In più, mantengo mia madre che vive nel mio paese d'origine. Mangio soprattutto pesce e verdure. È la mia cosiddetta dieta del sushi. Per fortuna, questi prodotti sono relativamente economici da comprare in Giappone. Di mattina i supermercati non sono quasi mai troppo affollati. Oggi devo comprare il riso, le verdure, il tonno e la pasta. Se trovo qualcosa di meno caro, ne compro in quantità maggiori. Non acquisto molto, che penso significhi qualcosa di più per i giapponesi.

88. La donna ubriacona

La gente di Chieti pensava che Marta provenisse da una città insignificante nel centro del regione Abruzos.

La gente diceva anche che parlava con un accento strano e sostenevano che provenisse dalla Romania.

A volte Marta andava al ristorante per mangiare e c'era tutto a parlare di lei; A volte lei poteva anche sentire la gente diceva che vive con la sua figlia adulta, una giovane donna che presunto va a Londra la prossima estate per studiare

Era anche noto che Marta possedeva un bassotto chiamato Max, con cui avrebbe fatto una passeggiata almeno una volta al giorno. La maggior parte delle persone pensava che non funzionasse. Marta aveva un segreto aperto, amava bere il vino. Una o due bottiglie di vino rosso al giorno e preferiva bere il vino da solo.

Nel primo pomeriggio iniziava a bere e finiva a sera inoltrata. *Meglio di andare nel pub e perdere la reputazione li*, pensava. Aveva perso la sua reputazione perchè nel locale supermarket Aldi la si poteva vedere regolarmente con un carrello pieno di bottiglie di vino.

Quello che incuriosiva la città era quello che faceva e perchè voleva vivere da sola.
Spesso sembrava fare un viaggio.
Un giorno prima di natale un veicolo nero era parcheggiato davanti a casa sua. Uomini e donne in uniforme. Era la polizia? Non lo sappiamo.

Alcuni giorni dopo un altro veicolo parcheggiò di fronte alla porta. Questa volta era un Van bianco. Marta indossava occhiali da sole in una buia giornata invernale ed entrò frettolosamente nel veicolo e la macchina sparì. Un vicino dichiarò che la targa aveva una targa straniera con una piccola bandiera blu e bianca sopra.

89. Il tesoro nei boschi

Toni Bianchi è una persona romantica. Nonostante avesse 18 anni all'epoca era più interessato ai libri di storia piuttosto che alle ragazze, a differenza di amici e compagni di classe.

Quando non dormiva o non era impegnato con I compiti di solito sonnecchiava sul sofà sognando di avere tanto soldi. Un pomeriggio si addormentò sul divano. Ebbe un sogno reale. Sognò di aver trovato un tesoro su un isola.

Appena trovò il forziere lo aprì e una piccola nube di fumo uscì. La nuvola diventò una bocca e una vecchia voce disse: Svegliati, vai nella foresta, troverai la mappa li. La mappa sarà sepolta sotto un becchio pino. Scava dove vedrai del fumo, è una mappa del tesoro. Pupi diventare ricco se trovi la mappa. Il fumo si avvicinò alla sua faccia e Toni non riuscì più a respirare e pensò di finire strozzato.

Toni ricordava che quel giorno era Domenica e era già pomeriggio.
Era già autunno, la nebbia riempiva il paesaggio. Dietro la casa un sentiero portava alla foresta. Seguì

la traccia e prima di 100 metri aveva già visto il pino e dietro poteva vedere del fumo bianco che saliva al cielo.

Toni scavò nel terreno e trovò un tubo. All'interno trovò una pergamena arrotolata. Sembrava una mappa Buddista o una pergamena. La arrotolò e tornò a casa.
Il giorno dopo andò diretto dopo a scuola a un negozio, dove acquistavano oro e altri oggetti di valore. Non ottenne denaro per la mappa.

Toni tornò a casa, si sdraiò sul divano e si addormentò. Sognò che non avrebbe più avuto bisogno di denaro. Quando si svegliò guardò sorridendo la mappa del tesoro. I soldi e il tesoro non erano più importanti per lui.
Toni is a dreamy young man. One day he dreams that he'll find a treasure. When he wakes up he tries to find the treasure. Instead he finds a religious scroll in the woods. Afterwards he doesn't want to find any treasure and doesn't want to be rich anymore.

90. Ti ho incontrato nella sauna

Signor Rossi è un uomo d'affari. Possiede un piccolo ristorante alla stazione e vende pasta
Ha molti clienti fissi perchè alla maggior parte dei clienti piacciono i suoi piatti.
Nel dopo-lavoro lui frequenta una sauna per calmarsi e rilassarsi.
Una volta signor Rossi si recò nella sauna. Questa è una specialità della sauna assieme al bagno turco che può essere trovata nella maggior parte delle città. Sono dotate di saune e piscine.

Quel giorno la temperatura della sauna era molto alta. signor Rossi stava già sudando seduto sulla panchina della sauna quando la porta si aprì. Un uomo entrò e Rossi lo riconobbe subito. Era un cliente. Ad ogni modo, a lui non piaceva quel cliente. Una volta il cliente lo denunciò perchè pensava che il cibo fosse sporco. L'altro uomo riconobbe Signor Rossi.
L'uomo sorrise: “Buonasera, signor Rossi, come stà?”
“Va tutto bene, grazie” rispose signor Rossi.
“Sudare pulisce il corpo.” disse l'uomo.
signor Rossi ne aveva abbastanza e lasciò la sauna.

Si fece una doccia. Questa volta signor Rossi fece una doccia lunga, perchè era stato infastidito da quell'uomo.
Dopo la doccia signor Rossi andò nello spogliatoio, una grossa stanza piena di armadietti. Gli asciugamani erano appesi a un gancio, signor Rossi si asciugò, l'asciugamano era bagnato ma si sentiva meglio adesso.

Signor Rossi si allontanò lentamente dalla sauna. Il cliente, che aveva incontrato nella sauna, era in piedi sulla porta. L'uomo fissava signor Rossi e sorrideva: "Scusate, signor Rossi, ma avete usato e preso il mio asciugamano!"
Signor Rossi scosse la testa. "No, non credo."
"Per favore, controlli nella borsa." disse l'uomo.
Signor Rossi aprì la borsa e tirò fuori l'asciugamano.
L'altro uomo sorrise "Guardi li, nell'angolo dell'asciugamano ho scritto delle lettere con una penna nera.
"A.H" disse signor Rossi.
"Sono io" disse l'uomo.
Signor Rossi diede l'asciugamano all'uomo. Dopo questo episodio non visitò più la sauna.

91. Una Cartolina Dal Costa Rica

La signora Leone ha chiesto agli operai di riparare il suo impianto di riscaldamento. La signora Leone vive da sola ed è felice quando finalmente, intorno a mezzogiorno, gli uomini arrivano. La squadra è formata soltanto dal capo e da un apprendista. Gli uomini iniziano a lavorare e finalmente trovano la valvola rotta. Il capo vuole mostrare il pezzo rotto alla signora Leone e spiegarle alcune cose, ma la signora sorprende l'uomo con dei bicchierini di Amaretto per fare una pausa.

Lei alza il bicchiere, "Signori, prima di continuare, bevete qualcosa." Dopo cinque minuti, la signora ritorna e insiste per fare un altro giro. Gli uomini obbediscono e bevono. Alla fine il capo ordina all'apprendista di tornare in ufficio per prendere un pezzo di ricambio. Quando, dopo più di un'ora, l'apprendista torna a casa della signora Leone, nessuno risponde alla porta. Il giorno seguente il capo non si presenta in ufficio. Era sparito! Dopo circa una settimana, in ufficio arriva una mail; tra le altre cose, vi era una cartolina da parte del capo. Proveniva dal Costa Rica e il capo faceva sapere ai suoi operai che si trovava in luna di miele con la signora Leone.

92. Al Panificio

Il mio turno di lavoro inizia tra quindici minuti. Prima di entrare in ufficio, vorrei fermarmi in un panificio qui vicino per comprare una focaccia. Quando apro la porta, mi accorgo che c'è già una lunga fila di clienti. Ci sono almeno otto persone prima di me. Comprano di tutto, dalle torte alle ciabatte appena sfornate. Devo essere in ufficio tra meno di dieci minuti. Arriva dunque il mio turno. Ad un tratto, un anziano salta la fila e mi supera. Dico, „Mi scusi, potrebbe rispettare la fila, per favore!"
Sia l'uomo che il panettiere mi ignorano. Egli stava chiacchierando, e voleva comprare qualcosa che richiedeva tanto tempo per essere imbustata. Sento il calore salirmi alla testa. Afferro una torta e la tiro dritta in faccia al commesso. Egli si butta sul pavimento mentre tutti i presenti urlano e scappano verso l'uscita. Adesso sono da solo. Prendo la mia focaccia e vado via.

93. Il Nostro Albergo

Siamo appena arrivati in albergo. Quest'anno trascorreremo le nostre vacanze in Italia. Abbiamo prenotato un albergo con pensione completa e il check-in è stato molto efficiente. La receptionist è stata molto gentile e ci ha dato la chiave della nostra stanza, in seguito al pagamento di una cauzione. Noi veniamo dall'Inghilterra. Inizialmente, ci sembrava un albergo di livello molto elevato. Le camera erano spaziose e tutto appariva fantastico. Il giorno seguente le cose iniziarono a cambiare. Abbiamo trovato degli scarafaggi enormi in bagno e gli armadi erano sporchi. Avevamo comprato l'assicurazione di viaggio, ma essa purtroppo non prevedeva un rimborso per delle stanze sporche. Mio marito ebbe un'idea. Ha scattato diverse foto agli armadi e agli scarafaggi. In una farmacia nelle vicinanze, abbiamo chiesto un farmaco contro la diarrea. Ho contattato immediatamente la compagnia assicurativa, informandoli che stavamo tutti malissimo a causa della mancata igiene della camera. Ho allegato una foto della medicina e dello scontrino. Alcune settimane più tardi, l'assicurazione ci ha rimborsato il soggiorno.

94. L'eremita dalla Trentino

La gente dice che Michael Colombo è un eremita. Ma è solo parzialmente vero. La verita è che lui vive abbandonato nelle pianure della Trentino, lontano da ogni città.

Un eremita è anche povero di beni materiali e questo si può applicare a Michael. Nessun radiatore elettrico e nemmeno elettricità. Ma può ottenere elettricità per cucinare perché ha una stufa davanti alla sua casa dove ha installato un generatore.

C'è abbastanza acqua; nel retro della sua dimora l'acqua filtrava dal tetto e lungo il muro fino a sparire nel pavimento. Però era ben equipaggiato nel resto.

Un grosso letto, un guardaroba, una toilet realizzata a mano, uno stereo, una Tv a colori e per il suo computer ha installato una connessione satellitare. Per caricare I suoi dispositivi si recava in bicicletta dai vicini.

Una volta a settimana guidava in bicicletta fino al villaggio, che distava 10 miglia, dove faceva una piccola spesa nel supermarket. Michael aveva un sogno, voleva una toilet moderna e, più importante, una vera finestra panoramica.

Questo era il problema, la sua dimora aveva diverse piccole entrate e all'ingresso una grossa entrata di 5 metri. L'entrata era quasi sempre aperta, perchè non c'era una porta adatta e della plastica non aiutava se pioveva o se era freddo.

Ma la vista fuori da quell'entrata enorme è fantastica. Michael viveva circondato da montagne e boschi e da li poteva vedere la vallata e le montagne opposte. Il panorama ispirava Michael.

Si sentiva ancora giovane e un giorno voleva diventare un architetto. E se non ci fosse riuscito forse scrittore o artista.

Un altro problema è che nessuna porta o finestra riempiono la forma inusuale di questa entrata.Amici lo hanno visitato ma anche per loro la situazione era difficile.

Loro dicono che è impossibile installare una finestra panoramica li, dato che Michael sta vivendo in una cava dove diecimila anni prima orsi e uomini primitivi vivevano.

95. AirBnB, L'Ombra Misteriosa E Una Rivoltella

Anna adora AirBnB, è già la terza volta che trascorre le vacanze in un appartamento con AirBnB sul lago di Garda.

Anna ha affittato un ampio appartamento per un mese, il proprietario passa la maggior parte del tempo nella sua camera, guardando la televisione. Una notte, tornando a casa, sente che la televisione della stanza del proprietario era sparata a tutto volume.

Anna bussa alla porta ma non risponde nessuno. Apre la porta, entra e lancia un urlo. Fissa l'uomo seduto sul divano. Gli occhi e la bocca sono spalancati. La sua testa è coperta di sangue. In una mano tiene una rivoltella, gli hanno sparato. Secondo la polizia è chiaramente suicidio e il corpo viene portato via velocemente.
Anna non poteva tornare a casa, perché non era possibile cambiare il suo volo, quindi decide di trascorrere il resto delle sue vacanze in quell'appartamento. Ma niente è più come prima. La notte Anna non riesce a dormire. Per riuscire a

prendere sonno, Anna fuma una canna prima di andare a letto. Una notte si sveglia e vede una grande ombra avvicinarsi al suo letto. Anna non riesce a muoversi o ad urlare. L'ombra si china su di lei e si sdraia sul suo corpo.
Il buio. Di colpo, la luce del sole splende dalla finestra.

Anna si sveglia e si sente male. È depressa. Era stato un incubo? Vede qualcosa di nero sul comodino. Prende l'oggetto e sembrava abbastanza pesante. La riconosce subito, è la rivoltella di quell'uomo.

96. La Guida Turistica

Stefano è nato e cresciuto a Napoli, in Italia, ma ha vissuto nel New Jersey per più di dieci anni. Quando ha avuto un incidente e nessuno poteva occuparsi di lui; ha deciso di tornare nel suo paese e di vivere lì con la sua famiglia. Adesso è una guida turistica a Roma.

Stefano accetta sia gruppi di turisti che turisti singoli. È abbastanza popolare e si è fatto un certo nome come guida molto esperta, guadagnandosi anche una piccola comunità di fan in diverse piattaforme online di viaggi.

I tour di solito iniziano la mattina presto e terminano nel tardo pomeriggio. Molti turisti si chiedono come faccia Stefano a parlare inglese senza avere un accento. Lui racconta loro un pò della sua storia, ma ciò porta spesso a domande più private.

Stefano è consapevole di questo; per ogni domanda ha infatti preparato una risposta perfetta. Si tratta di qualcosa che ha imparato negli Stati Uniti.

97. Il Ristorante Italiano

Antonio ha aperto da poco un ristorante nella Bay Area e la sua specialità è la cucina italiana. In realtà, il ristorante fa parte della sua casa che ha anche un grande giardino ed è molto spaziosa. Una sera, proprio quando sta per chiudere, entra una giovane coppia. Sua moglie, che lavora in cucina, si chiede perché suo marito faccia entrare questi ospiti.
„Antonio, la cucina è già chiusa; in più, non abbiamo abbastanza cibo in frigorifero per cucinare altri due pasti.“ Antonio scuote la testa. „In realtà ce l'abbiamo. Ho ancora il coniglio lì dentro.“
„Ma a molti non piace il coniglio,“ protesta la moglie.
„Conosco una ricetta molto antica proveniente da un vecchio libro di cucina. Lasciami provare.“
„Quanto tempo occorre per prepararla?“
„Circa un'ora. Devo ancora strappare la pelliccia, visto che ho sparato al coniglio nel giardino poco fa.“

98. Una Stella Michelin Non Basta

I due fratelli, Marco e Luigi, sono dei ristoratori professionisti, formatisi in una scuola alberghiera in Svizzera. Entrambi hanno già lavorato in ristoranti italiani ben avviati, costruendosi anche un'ottima reputazione.

Dieci anni fa hanno aperto il loro ristorante a Londra. Il locale è andato bene sin dall'inizio, e ci sono voluti soltanto pochi anni prima che venisse premiato con la sua prima Stella Michelin. Il ristorante diviene quindi molto famoso; e neanche due anni dopo i due ristoratori ricevono una seconda Stella Michelin.

L'anno scorso, i fratelli hanno aperto un secondo ristorante in un'altra zona della città. Qualche mese fa è successa una cosa del tutto inaspettata. I due fratelli hanno scoperto che il loro primo ristorante aveva ricevuto soltanto una Stella Michelin; la seconda gli era stata tolta per motivi sconosciuti.

Un amico che lavora per una rivista di ristoratori ha rivelato ai fratelli che avevano perso una stella perché trasportavano la loro zuppa in sacchetti di

plastica da un ristorante all'altro.
I fratelli erano davvero sconvolti. Tutto quello che potevano fare era provare a migliorare la loro attività e sviluppare nuove tecniche pubblicitarie. Ma, in qualche modo, la notizia che il ristorante trasportava le zuppe all'esterno mediante delle buste in plastica era trapelata tra il pubblico.

Un giorno essi notarono un improvviso aumento nei loro affari. Arrivavano più ordini di quanti se ne aspettassero; i clienti entravano e chiedevano delle zuppe a portar via.

Sembrava che ogni giorno arrivassero sempre più richieste di zuppe.
Sembrava che il piatto più venduto, adesso, fossero le zuppe. I fratelli sono convinti che le notizie negative sul ristorante abbiano fatto davvero bene alla loro attività.

99. Il Lotto Di Terreno

Come forse molti non sanno, la cultura tedesca è conosciuta anche per i suoi lotti di terreno. Fuori dalle grandi città, molte persone possiedono dei piccoli pezzi di terra, che consistono in un modesto giardino e in una piccola baracca. Molti di questi terreni formano spesso una piccola colonia.

La maggior parte dei proprietari sono dei pensionati che ricorrono a questo sistema per fuggire dai centri urbani. Uno di questi è Wolfgang Meier, un pensionato di Amburgo. Nel suo giardino, egli ha costruito un piccolo laghetto. È molto fiero dei pesciolini rossi che nuotano in quelle acque. A dir la verità, il signor Meier non ha famiglia e ama davvero i suoi pesci. Ha anche dato un nome ad ognuno di essi.

Un giorno, il signor Meier fa un salto al suo terreno e scopre alcuni pesci morti in superficie. Non c'è alcuna spiegazione per quanto accaduto. Tuttavia, il signor Meier è molto triste e decide di vendere il suo appezzamento di terra. Stranamente, nessuno vuole comprarlo. Per fortuna, alla fine un vicino decide di acquistare il terreno ad un prezzo davvero molto basso.

Il vicino è molto felice del suo nuovo lotto e se ne prende cura con passione. Dopo un po' di tempo, le condizioni del terreno sono ottime. Il giardino è in fiore e il laghetto è pieno di pesci.

Di tanto in tanto, il signor Meier torna a far visita al suo vecchio pezzo di terra, giusto per vedere cosa sia cambiato. Il signor Meier è un po' geloso e vorrebbe riutilizzare il suo terreno.
Un giorno, inaspettatamente, vengono trovati diversi pesci morti sulla superficie del laghetto, per la seconda volta.

Poco tempo dopo, il nuovo proprietario del terreno riceve una lettera dal signor Meier. Essa diceva che lui, il signor Meier, desiderava usufruire del lotto nei fine settimana.

Se gli fosse stato concesso di utilizzarlo gratuitamente, egli si sarebbe occupato del problema dei pesci e avrebbe garantito che mai nessun pesce sarebbe più morto in futuro. Affermava, invece, che se questa richiesta fosse stata negata, immaginava già che i problemi si sarebbero aggravati.

100. Storia – I Primi Esseri Umani

La maggior parte degli studiosi è oggi concorde nell'affermare che, secondo il modello di "origine africana", tutta o gran parte della diversità genetica umana dell'età moderna esistente sul pianeta possa essere fatta risalire ai primi esseri umani anatomicamente moderni che hanno lasciato l'Africa.
Il primo Homo Sapiens è comparso in Africa nord-orientale, all'incirca 70 mila anni fa, e per almeno 40,000 di quegli anni essi procacciavano quasi tutto il cibo mediante la caccia e la raccolta.
Questa specie emigrò poi dall'Africa lungo la linea costiera della penisola arabia fino all'Asia meridionale e sud-orientale, raggiungendo infine il Pacifico e l'Australia. Circa 50 mila anni fa i primi umani moderni, una sottospecie dell'Homo Sapiens, si spostarono dall'Africa all'Asia Minore, e attraverso il Caucaso verso l'Europa; questo per quanto concerne la storia degli umani moderni che hanno raggiunto l'Europa centrale circa 40 anni fa. Gli umani migrarono anche verso le Americhe, più o meno 15 mila anni fa; la maggior parte di essi passò attraverso il ponte continentale, chiamato oggi Bering Strait.

Il decimo secolo AC vide l'invenzione dell'agricoltura e l'inizio della storia antica. Il Neolitico o Età Della Pietra fu un periodo di grande sviluppo della tecnologia umana, inclusa la comparsa nel 10,200 AC di alcuni strumenti primitivi. I gruppi di cacciatori e raccoglitori di quell'epoca avevano accesso a beni e strumenti che i preistorici non possedevano; ciò era dovuto soprattutto al commercio con le tribù vicine e con le prime società agricole. La maggior parte dei cacciatori e raccoglitori moderni sapeva già forgiare il ferro, creare degli strumenti per cacciare o tagliare fatti di pietra e ossa, in grado di rendere sicuramente più semplici le attività agricole e la caccia.

AUDIO

Please type the following URL into your browser:

https://bit.ly/2J4YA2s

www.ingramcontent.com/pod-product-compliance
Lightning Source LLC
Chambersburg PA
CBHW030613310726
48979CB00003B/691

* 9 7 8 1 7 3 9 9 5 0 2 1 7 *